国家社科基金项目（15BJY116）

互联网金融品牌强度及效率提升研究

Research on Improvement Brand Strength
and Brand Efficiency in Internet Finance

乔 均 著

中国财经出版传媒集团
中国财政经济出版社

图书在版编目（CIP）数据

互联网金融品牌强度及效率提升研究/乔均著. —北京：中国财政经济出版社，2019.9

ISBN 978-7-5095-9065-2

Ⅰ.①互… Ⅱ.①乔… Ⅲ.①互联网络－应用－金融－研究－中国 Ⅳ.①F832.29

中国版本图书馆 CIP 数据核字（2019）第 123839 号

责任编辑：贾延平　　　　　　责任校对：黄亚青
封面设计：陈宇琰

中国财政经济出版社 出版

URL：http://www.cfeph.cn
E-mail：cfeph@cfeph.cn

（版权所有　翻印必究）

社址：北京市海淀区阜成路甲 28 号　邮政编码：100142
营销中心电话：010-88191537
北京财经印刷厂印刷　各地新华书店经销
787×1092 毫米　16 开　15 印张　220 000 字
2019 年 9 月第 1 版　2019 年 9 月北京第 1 次印刷
定价：75.00 元
ISBN 978-7-5095-9065-2
（图书出现印装问题，本社负责调换）
本社质量投诉电话：010-88190744
打击盗版举报热线：010-88191661　QQ：2242791300

序 Preface

互联网技术不仅改变了人们的生活，而且促进了经济消费结构优化与升级，为更多消费者带来全新体验。互联网技术对当前金融行业的影响较大，随着互联网技术与金融的快速融合，互联网金融正在逐步蚕食着传统银行业。互联网金融是借助于互联网技术、移动通信技术实现资金融通、支付和信息中介等业务的新兴金融模式。互联网金融与传统金融模式形成了鲜明对比，使金融领域展开了激烈竞争。

互联网的发展打破了金融行业的垄断性，互联网融资模式不仅使资金供需双方直接交易，大幅减少交易成本，而且让中小企业融资、民间借贷和个人投资渠道等问题变得容易解决。正是因为互联网金融具有成本低、效率高、覆盖广的特点，所以互联网金融发展十分迅猛。目前，中国金融市场中的互联网金融主要涉及三个领域：一是互联网支付。互联网金融中的第三方支付形式已经成为目前中国人日常生活消费的主流，人们已经习惯并愿意通过网络交易付款的平台进行消费、代缴费用、转账还款等业务等。二是互联网融资，主要包括 P2P 和众筹等业务，P2P 网络借贷可以帮助个人或中小企业"快速"融资，并让投资者的收益最大化，从而实现多方共赢。三是投资理财。支付宝、财付通、银联电子支付、拉卡拉等第三方支付已经涵盖并涉及了银行业务，通过余额宝等用户不仅能够得到超出储蓄所获得的利息，同时资金可以随意支出、消费和投资。从 2014 年政府工作报告中首次提及以来，"互联网金融"已经连续 5 年被写入政府工作报告。而在过去几年里，互联网金融的发展在政府工作报告中的表述呈现"逐步走向成熟"的特征。

由于互联网技术的虚拟性，依托于互联网平台的金融产品存在很高的风险。目前，互联网金融业务大多是小额信贷，由于网络借贷的借款人的信用评价和审核不能到位，借款人的诚信和道德风险就被直接带到了互联网金融领域；互联网金融领域从业人员的素质参差不齐，专业知识匮乏，缺乏信贷管理工作经验，操作失误容易造成风险；现阶段相关的互联网金融监管法律制度并不完善，导致互联网金融发展存在风险控制能力较弱。从行业监管角度看，一种意见认为我国互联网金融是市场的产物，其发展应该顺应市场的发展规律，不需要过多的政府监管；另一种意见则认为我国互联网金融的发展存在较大的隐患，为了维护市场秩序，需要政府加强互联网金融监管。正是由于对互联网金融认识不到位，监管不到位，互联网金融行业的潜在风险早在 2016 年就已经暴露出来。尽管 2016 年国务院办公厅印发了关于《互联网金融风险专项整治工作实施方案》（国办发〔2016〕21 号）的通知，提出了加强整顿互联网金融行业的举措，但是收效甚微。2017 年下半年开始，全国互联网金融信息门户不断爆出倒闭事件，2018 年互联网金融行业"跑跑"现象多发，全年几百家互联网金融平台倒闭关门。一时间，互联网金融 P2P 众筹等业务几乎与诈骗画等号，互联网金融平台成了过街老鼠，关于关闭互联网金融平台的呼声日益高涨，甚至某些地方政府下文禁止宣传互联网金融。互联网金融是新生事物，是金融行业顺应互联网技术发展的趋势所在。取缔互联网金融或人为抑制互联网金融发展的任何举措都将失之偏颇。互联网金融不仅不能限制发展，相反，还要鼓励发展，创造条件大力发展。互联网金融对支持大众创业、万众创新的积极作用是传统银行不能替代的。发展互联网金融必须认真吸取前一阶段互联网金融"野蛮生长""过度竞争""监管不力"等得到的教训。完善互联网金融监管法律法规，加强监管，才能引导互联网金融健康发展。

提高互联网金融发展水平，提升互联网金融核心竞争力，必须从加强互联网金融品牌战略入手。我国传统金融行业发展始终高度重视品牌战略，2001 年以来，我国银行业的品牌战略投入逐年加大，2008 年我国银行业在中央电视台的广告投放已经位居各行业前茅。国内外学者关于互联网金融模式的研究为我们了解互联网金融全貌，开展品牌研究有一定的指导作用。但是，从总体上看，我国互联网金融品牌研究、互联网金融品牌效率等研究还处于起步阶段，现有互联网金融品牌理论尚不能揭示互联网金融品牌强度独有的特征和作用，也不能评价互联网金融品牌强度与互联网金融品牌效率两者存在怎样的对应关系。研究其互联网金融品牌强度指标体系的构建及影响因素，将会促进互联网金融行业标准的形成，区分互联网金融机构的优劣。互联网金融品牌强度及品牌效率研究丰富了传统品牌理论体系。互联网金融品牌强度研究不仅涉及互联网金融品牌的技术层面、互联网金融的知识层面，还涉及消费态度与行为偏好、品牌理论内在框架的诸多要素等。互联网金融品牌强度指标体系将品牌强度的一般性指标与互联网金融的特殊性指标相结合，作为互联网金融的行业发展标准之一，便于利益相关者特别是监管部门识别、引导和监管互联网金融机构，对促进该行业健康有序发展有较强的现实意义。

乔均教授长期从事服务业营销和品牌理论的研究，是我国管理学领域的知名学者。本书是乔均教授承担的国家社科基金项目"互联网金融品牌强度及品牌效率提升研究"（15BJY116）的成果。该课题在理论上通过构建互联网金融"品牌效率模型"提出了怎样扶持互联网金融品牌快速发展的问题；通过互联网金融品牌效率计量研究，探讨了如何提升互联网金融品牌效率；比较研究了互联网金融品牌强度与品牌效率的拟合关系。为了规避互联网金融发展风险，乔均教授依据互联网金融品牌特点提出了相关部门应该重点监管互联网金融企业的方向、监管互联网金融行业企业的机构设置，以及应对被监管的互联网金融企业采取怎样的监管规制等。这些问题构成了课题研究的重点，也是课题研究的闪光点。互联网金融品牌研究在我国还处于起步阶段，由于课题研究的数据主要来自上海网贷之家的信息门户，数据的代表性有局限，样本企业数量有限，这些问题对研究结论的科学性有一定影响。如果扩大数据区域性以及样本企业数量，实证分析结论还有提升空间。但是，从该视角探讨互联网金融发展应该值得肯定。此项研究成果对于指导我国互联网金融企业品牌发展有相当大的现实意义。

荆林波
于中国社科院
2019 年 2 月

目录

第一章　绪论 ··· 1
- 第一节　互联网金融品牌的研究现状 ······················ 3
- 第二节　互联网金融品牌的研究意义 ······················ 9
- 第三节　互联网金融品牌的研究内容 ····················· 12
- 第四节　互联网金融品牌的研究方法 ····················· 15

第二章　互联网金融品牌人文因素研究综述 ··············· 19
- 第一节　互联网金融品牌个性研究综述 ··················· 21
- 第二节　互联网金融品牌知名度研究综述 ················· 27
- 第三节　互联网金融品牌网络满意度研究综述 ············· 31
- 第四节　互联网金融品牌道德法律研究综述 ··············· 33

第三章　互联网金融品牌技术因素研究综述 ··············· 41
- 第一节　互联网金融品牌安全性研究综述 ················· 43
- 第二节　互联网金融品牌隐私性研究综述 ················· 52
- 第三节　互联网金融品牌有用性研究综述 ················· 58
- 第四节　互联网金融品牌易用性研究综述 ················· 63
- 第五节　互联网金融品牌透明性研究综述 ················· 67

第四章　互联网金融品牌商业因素研究综述 …………………… 71
第一节　互联网金融品牌盈利能力研究综述 ………………… 73
第二节　互联网金融品牌规模要素研究综述 ………………… 77
第三节　互联网金融品牌管理能力研究综述 ………………… 79
第四节　互联网金融品牌成本要素研究综述 ………………… 85
第五节　互联网金融品牌流动要素研究综述 ………………… 88
第六节　互联网金融品牌成长要素研究综述 ………………… 92

第五章　互联网金融品牌效率影响因素研究综述 ………………… 97
第一节　互联网金融品牌效率人文因素研究综述 …………… 99
第二节　互联网金融品牌效率技术因素研究综述 …………… 101
第三节　互联网金融品牌效率商业因素研究综述 …………… 104
第四节　互联网金融品牌投入产出指标研究综述 …………… 107

第六章　品牌强度的指标筛选及模型建构 ………………………… 119
第一节　互联网金融品牌强度指标筛选 ……………………… 121
第二节　互联网金融品牌要素权重赋值 ……………………… 123
第三节　互联网金融品牌强度模型建构 ……………………… 127
第四节　互联网金融平台效率模型建构 ……………………… 129

第七章　互联网金融品牌强度的测定与分析 ……………………… 137
第一节　互联网金融企业的品牌强度计算 …………………… 139
第二节　互联网金融企业品牌强度趋势度分析 ……………… 142
第三节　互联网金融品牌强度企业个案分析 ………………… 145
第四节　互联网金融品牌商业强度测定与分析 ……………… 154

第八章　互联网金融品牌效率的测定与分析 …………………… 159
第一节　互联网金融企业的品牌效率计算 ……………………… 161
第二节　互联网金融企业品牌效率趋势度分析 ………………… 164
第三节　互联网金融品牌效率企业个案分析 …………………… 169
第四节　互联网金融品牌强度与效率关系分析 ………………… 176

第九章　互联网金融品牌研究结论及对策建议 …………………… 183
第一节　互联网金融品牌强度研究结论 ………………………… 185
第二节　互联网金融品牌效率研究结论 ………………………… 192
第三节　互联网金融品牌发展对策建议 ………………………… 197

参考文献 ……………………………………………………………… 208

后记 …………………………………………………………………… 227

第一章 绪论

互联网的发展打破了金融行业的垄断性，互联网融资模式不仅使资金供需双方直接交易，大幅减少交易成本，而且让中小企业融资、民间借贷和个人投资渠道等问题变得容易解决。正是因为互联网金融具有成本低、效率高、覆盖广的特点，互联网金融的发展才十分迅猛。但是，近年来，互联网金融在发展中不断暴露出一系列问题，P2P网贷不断引爆互联网金融。因此，规范互联网金融发展，预警互联网金融风险，健全互联网金融监管已刻不容缓。

第一节　互联网金融品牌的研究现状

互联网金融概念已经成为近年来的"热词",因其"长尾效应"而备受广大民众和互联网企业追捧。互联网金融是高度创新性的新事物,因此也备受金融监管机构及理论界的关注。怎样界定互联网金融概念的边界呢?百度百科给出了相应的互联网金融定义,即"以依托于支付、云计算、社交网络以及搜索引擎等互联网工具,实现资金融通、支付和信息中介等业务的一种新兴金融[①]"。中国人民银行给出的定义是,"互联网金融是传统金融机构与互联网企业利用互联网技术和信息通信技术实现资金融通、支付、投资和信息中介服务的新型金融业务模式。互联网金融的主要业态包括互联网支付、网络借贷、股权众筹融资、互联网基金销售、互联网保险、互联网信托和互联网消费金融等。[②]"但是,有关互联网金融与金融互联网的区别等,在业界有争论,没有形成共识。

互联网的发展打破了金融行业的垄断性,互联网融资模式不仅使资金供需双方直接交易,大幅减少交易成本,而且让中小企业融资、民间借贷和个人投资渠道等问题变得容易解决。正是因为互联网金融具有成本低、效率高、覆盖广的特点,所以互联网金融发展十分迅猛。近年

---

① 百度,http://tiku.21cnjy.com/quest/YjN5Q__wMj3N.html. 2018.3.12.
② 中国人民银行颁发.关于促进互联网金融健康发展的指导意见,2015 年 7 月 18 日.

有：Lower My Bills（美国洛杉矶，1999 年）、Learnvest（美国纽约，2009 年）、我爱卡（北京，2005 年）、格上理财（北京，2007 年）、软交所（北京 2011 年）、融 360 网（北京，2011 年）、大童网（北京，2011 年）、91 金融超市（北京，2011 年）、存折网（北京，2012 年）、有利网（北京，2013 年）、好贷网（北京，2013 年）、融道网（上海，2009 年）、网贷之家（上海，2011 年）、大家保（上海，2011）、陆金所（上海，2011）、挖财网（浙江 2009 年）、铜板街（浙江，2012 年）、慧择网（深圳，2011 年）、富脑袋（广州，2012 年）、网贷天眼（辽宁，2012 年）、安贷客（四川，2012 年）、资金所（江苏）等。但是近年来互联网金融在发展中也不断暴露出一系列问题，因此规范互联网金融发展，警惕互联网金融风险，健全互联网金融监管已刻不容缓。我国互联网金融"一管就死，一放就活"，如何分清良莠，真正做到良币驱逐劣币，是十分重要的课题。

互联网平台的特征具有多样性。Rust（1999）认为，对消费者而言，互联网平台的容易进入性、保证/信任性、网上浏览的便捷性、效率、安全/隐私、网页美观新颖、可靠性、回应性、服务弹性、定制化/个性化、价格信息准确尤为重要。Yoo 和 Donthu（2001）提出互联网信息平台具有方便易用、处理速度快、设计美观及安全等特征。Janda 和 Trochia（2002）提出，互联网平台在网络性能、进入便利、网络安全（含隐私和诚信）、视觉感受（特色）、信息容量等特性上具有差异性。张扬（2011）提出了互联网平台应具备良好的网站质量、互动交流、商品展示、销售支持、核心价值等特性。倪红耀（2013）提出了互联网平台应具备良好的系统质量、信息质量、服务质量、功能价值、享乐价值等特性。关于消费者对互联网平台使用的行为态度研究，Yoo、Lee，和 Park（2010）认为网站业务开展要能够提供必备的功能和享乐价值以影响顾客满意度，网站点击和黏滞性等都会影响网站的流量。Lon 和 Mcmellon（2004）提出了适合网络服务的质量满意度指标体系。但是，目前文献对互联网金融技术特征研究得不多，有学者认为，互联网特征覆盖了互联网金融的技术特征，但是多数专家认为互联网平台特征不足以说明互联网金融特性。

互联网金融的发展对促进金融包容具有重要意义，为大众创业、万众创新打开了大门，在满足小微企业、中低收入阶层投融资需求，提升金融服务质量和效率，引导民间金融走向规范化，以及扩大金融业对内对外开放等方面可以发挥独特功能和作用。互联网的发展打破了金融行业的垄断性，互联网融资模式不仅使资金供需双方直接交易，大幅减少交易成本，而且让中小企业融资、民间借贷和个人投资渠道等问题变得容易解决。互联网金融虽然发展很快，但是近年来互联网金融暴露出不少问题，因此规范互联网金融发展，健全互联网金融监管已刻不容缓。

（1）方便支付、满足投融资需求的 P2P 网贷平台、众筹平台和非标资产交易平台、满足风险管理需求的网络保险、网络征信等。在理论上，有学者（Lin 等，2001；黄海龙，2013）[①] 提出了互联网金融模式的集成理论，认为互联网金融使得商业银行、投资银行、经纪公司、交易平台、传统的金融中介和市场的界限变得模糊。在此情况下，独立单一的金融理论已经无法解释快速发展的电子金融模式。

（2）有关互联网金融产品研究。互联网金融最终目的是为客户提供金融服务，同时需要创新适合互联网特征的金融产品。互联网金融产

---

① Lin, M.-Q. and Lee, B. C., The Influence of Website Environment on Brand Loyalty: Brand Trust and Brand Affect as Mediators [J]. IJEBM, 2012, (10): 308-321; 黄海龙. 基于以电商平台为核心的互联网金融研究 [J]. 上海金融, 2013 (8): 18-23.

品及服务的出现,正在逐步改变着传统金融产品及服务的价格结构和分销渠道,例如抵押贷款和保险(Clemons 和 Hitt,2000)。尚洁、林予宇(2010)① 认为互联网金融难以为客户提供传统金融机构的金融产品服务,且分别对网络银行、网络证券和网络保险产品策略进行了评述。Ratten(2012)② 以汽车银行为例研究了互联网金融产品问题。

(3)互联网金融的风险与监管研究。随着互联网金融提供的金融产品日益多样、服务领域不断拓展、网络技术不断发展等,使得互联网金融参与者面临新的风险,也使监管机构面临新的挑战(Christiansen,2001)。互联网金融除了存在传统金融的一般风险外,由于其自身的独特性,虚拟金融服务与网络技术风险更为明显(Yan,2013;Yang,2012;张影强,2013;闫真宇,2013)。互联网金融在信息安全方面存在着法律政策风险、网络技术风险、业务管理风险等(于春玲,赵平,2011;Yang,2012)。而网络技术方面也存在着病毒入侵,黑客和木马程序等威胁客户信息安全、财产安全等的风险(冯静生,2009;Danwa 等,2009)。因此,需要在安全性、稳健性、投资者保护以及金融体系的法律和市场基础设施建设等方面加强风险防控与监管(Claessens 等,2002)③。谢平、邹传伟(2012)主张从市场风险、信用风险、风险转移和风险分担三方面进行风险管理,并且从审慎监管、金融市场和行为监管、金融消费者保护三方面进行监管。为了防范互联网金融风险,促

---

① 尚洁,林予宇. 略谈呼叫中心及其在银行与保险业中的应用[J]. 时代经贸,2010(6):182-183.

② Ratten, V., Entrepreneurship, e - Finance and Mobile Banking [J]. International Journal of Electronic Finance, 2012, (6): 1-12.

③ Claessens, S. Glaessner, T. and Klingebiel, D., Electronic Finance: Reshaping the Financial landscape Around the world [J]. Journal of Financial Services Research, 2002, (22): 29-61

进其健康发展,我国工信部、原中国保监会、原中国银监会、中国证监会等相关监管机构相继出台了相关监管制度。

近年来,有关互联网金融的研究呈现上升趋势,但是,现有的大多数研究仍停留在对互联网金融表征的研究上,基于互联网金融机构和互联网金融品牌研究的更是处于起步阶段。很长一个阶段内我国互联金融管理没有纳入国家传统金融管理体系,互联网金融呈现野蛮生长、无序竞争、合法性遭质疑的自然状态。互联网金融机构之间的竞争本质上是流量与资产之争,而互联网金融机构的品牌强度将会对互联网金融平台流量、顾客黏度、合法性等施加影响。互联网金融机构的品牌强度将会产生投融资的"跷跷板效应",互联网金融品牌强度越高,互联网金融平台越能够获得更多的顾客流量和顾客黏度,并能以较低的利率成本获取资金。例如,品牌强度较高的"P2P"平台开鑫贷的融资成本(投资收益)约为7%~9%。相反,低品牌强度的互联网金融平台,其融资成本即使达到18%~25%,也可能无人问津。随着一些互联网金融机构的倒闭,这种"跷跷板效应"会更加明显,这将会逐渐挤压"水分"。因此,基于互联网金融机构的视角,研究品牌强度及品牌效率具有十分重要的意义。

品牌是企业赖以建立消费者信任度的产品和服务质量的保证(Keller等,2011)[1]。强势品牌能为企业带来战略和营运上的裨益。拥有卓越品牌的企业能比其竞争者赚取更高利润以提升其财务资产(Kotabe,2002)。现有品牌理论(范秀成,2010;余明阳,2007;董大海,2008)

---

[1] Keller, K. L., Parameswaran, M. and Jacob, I., Strategic Brand management: Building, Measuring, and managing brand equity, Pearson Education India, 2011, (12): 76-83.

认为品牌强度是品牌资产的重要方面，品牌强度越高，企业将拥有更高的品牌知名度和品牌联想。品牌强度有利于企业品牌进一步延伸，且将为企业带来更多销售和利润（乔均，2016）①。对于消费者来说，消费者对强品牌和弱品牌的消费态度的反应具有不同性，品牌强度会直接影响消费者对品牌的满意度和忠诚度（Lin & Lee，2012）②。品牌强度会降低消费者的价格弹性（Fader & Schmittlein，1993）。国际上品牌强度测量有很多机构模型，如 Interbrand 法、世界品牌实验室（World Brand Lab）和美国《金融世界》杂志均有品牌强度计算方法。近年来，国内有许多学者研究了品牌强度测定模型。王琦、余明阳（2007）③ 构建了品牌竞争力层级评估模型。姜岩和董大海等（2008）④ 从消费者视角构建了品牌竞争力评价体系。白玉、乔鹏涛（2006）⑤ 基于层次分析法构建了品牌竞争力的综合评价体系。范秀成、冷岩（2000）⑥ 建构了品牌忠诚因子测量方法。乔均、彭纪生（2013）⑦ 在本土制造业的实证分析基础上构建了品牌核心竞争力影响因子及评估模型研究。现有品牌强度

---

① 乔均．互联网金融企业品牌形象度量研究 [J]．南京社会科学，2016（10）：23－28．

② Lin, M.‐Q. and Lee, B. C., The Influence of Website Environment on Brand Loyalty: Brand Trust and Brand Affect as Mediators [J]. IJEBM, 2012（10）: 308－321.

③ 王琦，余明阳．品牌竞争力层级评估模型理论初探 [J]．市场营销导刊，2007（6）：54－57．

④ 姜岩，董大海．消费者视角下的品牌竞争力界定生成与评价 [J]．华东经济管理，2008（22）：107－112．

⑤ 白玉，乔鹏涛．基于层次分析法的品牌竞争力综合评价研究 [J]．科技进步与对策，2006（22）：140－142．

⑥ 范秀成，冷岩．品牌价值评估忠诚因子法 [J]．管理科学，2000（10）：51－56．

⑦ 乔均，彭纪生．品牌核心竞争力影响因子及评估模型研究——基于本土制造业的实证分析 [J]．中国工业经济．2013（12）：130－142．

研究虽然较为丰富，并按照每个行业进行了较为系统的品牌强度指标体系构建。但是，互联网金融品牌强度的评价指标体系在业界尚未建立。构建互联网金融品牌强度指标体系，使其能够反映出不同互联网金融机构质量的差异，并能够方便地让消费者感知互联网金融机构提供的品牌服务质量尤为重要。那么，如何提高互联网金融机构和互联网金融产品的品牌强度？在这场金融创新中如何快速提升品牌效率从而抢得先机？这些既是理论亟待研究的问题，也是互联网金融企业自身发展的迫切需要。另外，对已有文献整理后发现，学界与业界在研究品牌强度时往往不太重视品牌效率问题。经济学上的效率通常是指投入与产出之间的关系，即追求在相同的投入下生产单元实际产出与理想的最大可能性产出的比率。互联网金融品牌强度包括许多要素，要素投入带来品牌强度的提升。品牌强度提升的目的还是为了解决互联网金融企业效率问题，即品牌强度给互联网金融企业带来效益最大化。同时，互联网金融品牌强度及互联网金融效率等问题的研究还涉及多学科理论，因此需要跨学科协同研究。

第二节　互联网金融品牌的研究意义

一、相关研究成果评价

国内外学者关于互联网金融概念、模式、创新、风险防范以及监管等的研究为我们了解互联网金融全貌，开展下一步研究有一定的指导作用。同时，有关品牌强度理论，包括品牌强度的作用、指标体系、影响因素等的研究，为进一步研究互联网金融机构的品牌管理、独特的互联网金融品牌强度指标体系构建，以及基于互联网金融行业的品牌强度影响因素探讨提供了理论与方法论基础。但是，现有研究将两者割裂开来，影响了互联网金融生态系统的健康发展。一方面，有关互联网金融的研究较为宽泛，互联网金融品牌研究、互联网金融品牌效率等的研究还处于起步阶段，有关互联网金融品牌创建、品牌强度指标体系构建，以及品牌强度的影响因素研究还有待深化。另一方面，在品牌研究中，虽然传统领域对品牌强度的概念、指标体系，以及影响因素进行了广泛的研究，但很少有人对互联网金融领域的品牌强度以及互联网金融品牌效率进行研究，现有互联网金融品牌理论不能揭示互联网金融品牌强度独有的特征和作用，也不能评价互联网金融品牌强度与互联网金融品牌效率两者存在怎样的对应关系。同样，互联网金融品牌强度高的企业，其品牌效率是否一定高，或者，互联网金融品牌强度低的企业，其品牌效率是否一定低，也是本课题关注的问题。

二、本课题的价值和意义

本课题是关于互联网金融品牌强度的研究，具有以下理论意义和现实意义。

（一）基于品牌强度理论的研究拓展了互联网金融研究的理论范畴

正如前面对现有文献分析所述，现有有关互联网金融品牌的研究水平较低，泛泛而谈的研究虽然数量逐年增加，但是对于互联网金融品牌理论构建没有实质性的帮助。而本课题针对这种不足，从互联网金融机构角度出发，研究其互联网金融品牌强度指标体系的构建及影响因素，将会促进这个领域的行业标准的形成，有效区分互联网金融机构的优劣，进而促进该行业健康发展，对金融市场效率的提升以及现有金融体系的完善有重要的理论意义。

（二）互联网金融品牌强度即品牌效率研究丰富了传统品牌理论体系

互联网金融的品牌强度和品牌效率研究还处于起步阶段。互联网金融品牌强度研究不仅涉及互联网金融品牌的技术层面、互联网金融的知识层面，还涉及消费态度与行为偏好、品牌理论内在框架的诸多要素等，互联网金融品牌强度指标体系及测评模型研究结论将弥补品牌研究在此方面的不足，对丰富传统品牌的理论体系有积极的理论意义。互联网金融品牌效率测定对衡量互联网金融企业运行好坏具有实践指导价值。

（三）互联网金融品牌强度指标体系及其评价模型为管理部门引导行业发展提供了理论工具

互联网金融呈现出的"野蛮生长""过度竞争"以及"合法性质疑"等对这个行业产生了不利影响。本课题试图建立互联网金融品牌强度指标体系，将品牌强度的一般性指标与互联网金融的特殊性指标相结合，作为互联网金融的行业发展标准之一，便于利益相关者特别是监管部门识别、引导和监管互联网金融机构，对促进该行业健康有序发展有较强的现实意义。

（四）典型互联网金融品牌个案研究为互联网金融企业提升品牌效率提供了现实指导

本课题研究能够提高互联网金融机构的品牌意识，通过变量组合对互联网金融品牌强度实施影响，探讨干扰要素对提升品牌效率的关联性和贡献率，为互联网金融企业提升品牌强度提供了依据。但是，如何提高互联网金融品牌强度更是互联网金融机构所关心的问题，本课题对提升品牌强度路径的探讨，必将具有较强的现实意义。

第三节　互联网金融品牌的研究内容

一、本课题研究的内容及框架

本课题主要对互联网金融品牌强度这一全新的领域进行系统的研究，包括互联网金融品牌强度指标体系构建和互联网金融品牌强度影响因素模型探索两个方面。具体分为五个子课题进行研究。

子课题一：互联网金融品牌强度指标体系构建。在对品牌强度一般金融要素指标体系进行归纳的基础上，分析互联网金融品牌的网络技术层面要素、金融特征要素、品牌范畴内在要素以及消费者行为偏好要素，从而构建互联网金融品牌的三级赋权指标体系。

子课题二：互联网金融机构品牌强度测算与价值分析。首先，本课题将依据互联网金融品牌强度指标体系模型，对我国境内经营的互联网金融机构按类型进行品牌强度测算和比较。其次，比较不同类型互联网金融机构的品牌强度差异，并分析差异存在的内在要素原因。

子课题三：互联网金融品牌强度前因研究。基于品牌强度的外生因素，本课题选择企业层次的品牌战略导向及企业家精神对品牌强度创建中的干扰作用，并在理论上构建互联网金融品牌强度的前因模型，即研究互联网金融机构品牌战略导向对品牌强度的影响及互联网金融企业家精神的调节影响。

子课题四：互联网金融品牌效率测定模型。本课题基于利益相关者视角，首先，在理论上构建互联网金融的品牌效率模型，即研究互联网金融机构品牌强度对互联网金融机构合法性、客户流量、平台黏度的影响；其次，运用随机前沿分析（Stochastic Frontier Analysis）对互联网金融机构品牌效率进行测算，深度挖掘互联网金融机构创建品牌、提升品牌强度和品牌强度效率的重要性。依据筛选的互联网金融产出指标测算互联网金融品牌效率。

子课题五：典型互联网金融机构案例分析。本课题在上述研究的基础上，对不同类型的互联网金融机构进行案例比较分析，进一步检验本课题的互联网金融品牌强度指标体系模型、前因模型、品牌效率模型的外部效度。在前期沟通的基础上，在我国互联网金融信息门户中选择"上海网贷之家"登记的互联网金融平台的企业作为本课题的案例企业。

二、研究的重点和难点

（一）能否通过实证研究合理筛选和构建互联网金融品牌指标体系

互联网金融品牌发展不仅涉及金融层面服务要素、消费者品牌偏好层面要素、品牌内在层面要素等，而且还涉及技术层面要素。科学筛选和建构要素指标体系以及对指标赋权是本课题研究的重点、难点问题。

（二）能否通过方法创新构建科学的互联网金融品牌计量分析模型

现在学界还未能对互联网金融品牌的发展提出合适、合理的理论分析模型，国外业界也没有学者提出互联网金融品牌评价指标体系和模型。如何总结我国现有的互联网金融发展理论成果，在归纳基础上提出更有说服力的互联网金融品牌理论架构？如何依据框架和现有的数学模型构建互联网金融品牌度量模型，并进行行业实证分析检验？这是课题理论分析的重点、难点问题。

（三）能否通过实证研究建立互联网金融品牌创新与部门监管的协调机制

互联网金融市场代表着金融产品与服务的发展方向，国内非金融机构和金融机构均在大力发展互联网金融服务，互联网金融品牌打造成为行业发展的重要任务。怎样扶持互联网金融品牌快速发展？依据互联网金融品牌特点相关部门应该重点监管互联网金融企业的哪些方面？应该由什么机构来监管互联网金融行业企业？对被监管的互联网金融企业应该采取怎样的监管规制……这些问题构成了课题研究的重点、难点问题。

三、本课题研究的基本目标

本课题的基本研究目标是整合现有研究成果，从理论分析与实证研究的角度入手，探索我国互联网金融品牌发展的模式和成功的关键因素。

一是通过对我国互联网金融品牌发展现状的调查和研究，构建我国互联网金融品牌评价指标体系及测定模型，通过实证研究的方法对模型进行检验和修正；利用构建的模型为监管机构引导行业发展提供理论指导。

二是通过互联网金融平台企业品牌效率计算，进一步探索互联网金融品牌对金融业务拉升的效应，寻找互联网金融品牌和互联网金融效率对应关系和发展路径，以指导互联网金融机构的品牌战略发展。

三是利用典型互联网金融机构个案，分析企业层次的品牌战略导向与个体层次企业家精神对互联网金融品牌发展的影响。

四是通过研究发现我国互联网金融行业存在的问题，为规范行业健康发展提出合理化建议。

第四节　互联网金融品牌的研究方法

一、研究思路

本课题遵循"理论基础→研究过程→主要研究方法"的基本研究思路展开研究，其中，研究过程按照"理论构建→实证研究方案设计→数据收集与整理→数据分析与结果"与对应的研究方法相匹配。这样使研究过程中的每个阶段都有契合的研究方法支撑，便于研究的顺利进行。

二、技术路线

本课题设想的技术路线如图1-1所示。

三、研究方法

本课题将选择国内互联网金融平台的企业数据作为研究样本，依据构建的模型，采取定量与定性方法进行分析。具体研究方法主要有以下几种。

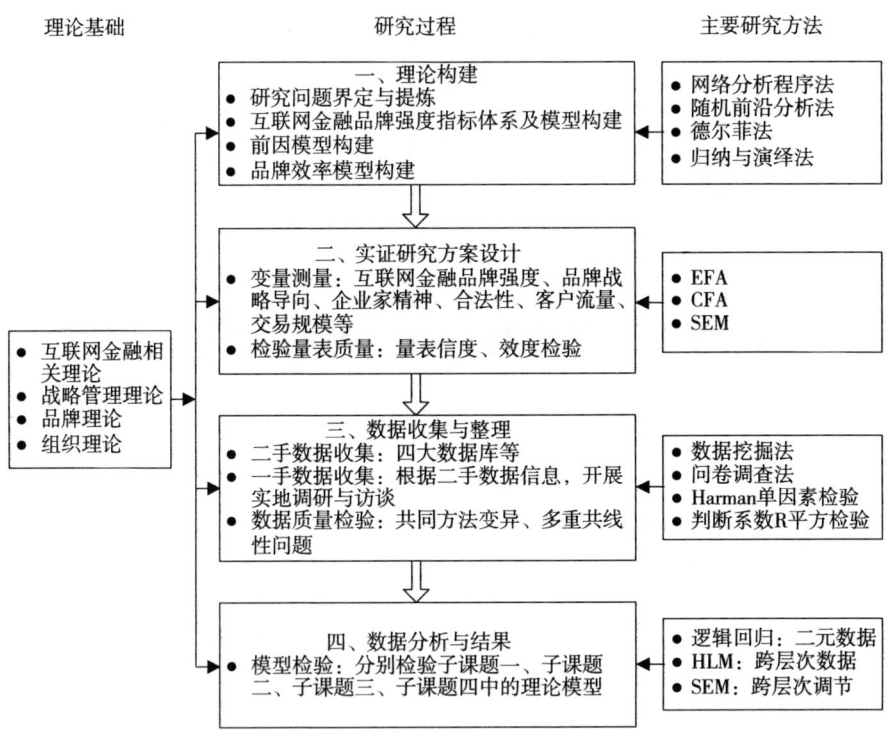

图 1-1 本课题的技术路线

（一）互联网金融品牌强度指标体系构建方法

首先，进行指标选取工作。采用文献法和调查法对互联网金融行业特征、网络技术和品牌指标进行梳理；在此基础上采取德尔菲法增加或删减指标形成初步的指标体系。其次，进行探索性因子分析（EFA），进一步对指标体系进行筛选。最后，采用网络分析程序法（ANP）对各层级指标赋权，指标体系构建完成（乔均，2013；董大海，2008；余明阳，2007；Francois 和 Maclachlan，1995）。

(二) 互联网金融品牌强度效率测算方法

本书中的品牌强度效率采用随机前沿分析（EDA）模型进行测算。该方法广泛运用于技术效率、生产效率等的测算，在测算精确性、简洁性和直观性方面都具有明显的优势（Artz，Norman，Hatfield，2008；何枫，陈荣，何炼成，2004；孔祥，Marks，万广华，1999）。

(三) 数据分析方法

首先，因本课题涉及二元变量（合法性），所以，数据分析首先采用逻辑回归，对理论模型进行检验。其次，本课题涉及跨层次变量，因此需要采用跨层次研究方法（HLM）。最后，为了检验理论模型整体拟合情况，需要采用结构方程模型（SEM）进行数据分析。

四、可能的创新

(一) 探索基于复杂系统的互联网金融品牌强度理论，拓展金融品牌理论研究体系

国内研究金融和保险的品牌文献较多，但是，基于网络技术发展所形成的复杂系统而专门研究互联网金融品牌的文献极为少见。本课题的研究是从互联网金融的品牌形象塑造展开，重点研究怎样测定互联网金融品牌强度，怎样提升互联网金融品牌的技术效率，本课题理论研究拓展了金融品牌理论研究的体系。

（二）为我国金融行业监管部门提供互联网金融品牌发展的可操作的测评工具

互联网金融进入发展的快速轨道阶段，无论从行业监管角度还是从企业发展自身角度，亟待解决的问题是怎样测定快速发展的众多的互联网金融企业和产品的品牌形象。本课题在大量调研和实证分析的基础上，将为定量测定互联网金融品牌强度开发出新的衡量指标体系和度量模型，为相关行业主管部门实时监管提供依据。

（三）典型案例实证分析结论将为互联网金融企业品牌战略发展提供理论指导

本课题将用随机前沿分析方法（EDA）测定互联网金融影响因子对互联网金融品牌强度效率的影响，EDA 在产权所有制对企业技术效率影响、研发投入对企业技术效率影响、财务杠杠对企业技术效率影响方面的研究比较多见。但是，业界关于品牌要素对互联网金融品牌效率影响的研究还不多见。这种方法创新及比较分析结论，为互联网金融企业提升互联网金融品牌效率提供了重要依据。

第二章
互联网金融品牌人文因素研究综述

　　互联网金融作为服务业必然涉及消费者感知和消费者感知服务满意等问题。消费者个性对互联网金融推广有直接关联性。研究互联网金融必然要关注消费者个性、品牌个性、品牌感知、品牌信任等。在缺乏购买动机或能力的情况下,品牌知名度影响着消费者的选择。同样,互联网金融的道德行为缺失等均会对互联网金融推广产生影响。

第一节　互联网金融品牌个性研究综述

个性被定义为个体事物特有的特征，个体的感知、意图、态度、动机和行为受个性的影响（Ryckman，2007）[①]。个性是影响人们各种行为的主要因素，它的形成将导致人们对同一事物做出不同的行为判断。互联网金融的发展同样如此，一般来说，性格外向的人更容易接受互联网金融这种新事物，而性格谨慎的人可能比外向的人有更多的思考。在对个性进行定义和测量中，人格特质的"大五因素模型"（FFM）[②]是较为成熟的模型之一，该模型包括开放性、良心性、外向性、可接受性和神经质五个基本因素（如表2-1所示）。人格特质的"大五因素模型"的缺点在于实用性差，信度和效度不够高，并且表述太过笼统，因此，遭到心理学界广泛的批判。Eysenck（1992）[③]明确指出FFM模型在心理学中的实用性值得商榷。但就目前的个性研究看，由于人类个性特征的复杂性、抽象性、多重性和易变性，FFM模型作为一种精简直观的人格模型，得到了业界较为普遍的认同。

[①]　Ryckman R M. Theories of Personality [J]. Wadsworth Publishing Company, 2007.
[②]　Korukonda A R. Commonweal vs. Free Market Capitalism: the Case of India and China [J]. International Journal of Social Economics, 2007, 34 (10): 772-780.
[③]　Eysenck H J. Four Ways Five Factors Are not Basic [J]. Personality & Individual Differences, 1992, 13 (6): 653-665.

表 2-1　　人格个性 FFM 模型的主要特征内涵

主要特征	组成成分
神经质	焦虑、愤怒、沮丧、自我、冲动、易受伤
外向性	热情、社交、专断、活跃、寻求刺激、积极
开放性	幻想、艺术、敏感、实践、思考、有价值
可接受性	值得信任、直率、利他、顺从、谦虚、脆弱
良心性	能干、讲次序、忠实尽职、追求成就、自律、深思熟虑

在品牌个性研究中，大多数学者对 Aaker（1997）[①] 提出的定义是认可的，即品牌个性是由某一品牌联想出来的一组人类特征。人类特征包含所要说的个性特征，如追求成就的、热情的、成功的，还包括一些人口统计特征，如性别、年龄、社会地位等。

品牌个性维度的研究直接影响我们对互联网金融品牌强度的测定，因此有必要对品牌个性的文献进行回顾。在品牌个性研究的早期阶段，品牌个性的测量没有系统科学性的方法，人们根据自己的需求来考量品牌个性问题。大部分管理人员不是根据产品特点，就是根据品牌设计来描述品牌个性，还有一小部分管理人员直接把心理学研究中的个性词表用于品牌个性的测量。另外，营销人员测量品牌个性基本沿用两种办法：一种是根据目的而设计的量表，优点是较为简单明了，缺点是具有主观性，容易漏失主要的个性特征；另一种是直接采用人格特质量表，但缺点在于量表太过笼统，可能某些个性特征不能被品牌反映出来，另外，信度和效度也备受质疑。由此可见，两种方法的缺点都比较明显，适用性不强。

Aaker（1997）关于品牌个性的测定推进了该问题的研究，品牌个

---

① Aaker J L, Dimensions of Brand Personality [J]. Journal of Marketing Research, 1997, 34 (3): 347-356.

性才有了跨产品类别、具有强韧性的品牌个性量表。Aaker 认为，品牌个性本质上和人格一样具有不易变化性和相互区别性，因此可以用形容人的词汇来加以描述。她借鉴了心理学中关于人格特质论中的"大五"模型，并且使用归纳法研究品牌个性维度。Aaker 将品牌个性体系概括为五大维度，18 个次级维度以及 51 个品牌个性特征，五大维度分别为真诚、刺激、胜任、教养和强壮（如表 2－2 所示）。同时，Aaker 等（2001）[①] 对日本、美国、西班牙三种文化背景下的品牌个性维度进行比较性研究，发现刺激、真诚、教养是美国、日本和西班牙三种文化背景下共有的品牌个性维度，而激情是单独出现在了西班牙文化背景下的维度，平和是单独出现在了日本文化背景下，强壮则是单独出现在了美国文化下。另外，胜任只出现在了日本文化和美国文化背景下，而西班牙文化中没有。通过上面的比较性研究，Aaker 等人发现，在不同文化背景下，品牌个性维度会产生一定的差异。

表 2－2　　　　　　　　Aaker 品牌个性五维度模型[②]

品牌个性的 五个维度	品牌个性的 18 个层面	51 个品牌人格
真诚	务实	务实、顾家、传统
	诚实	诚实、直率、真实
	健康	健康、原生态
	快乐	快乐、感性、友好

---

① Aaker J L, Benet‐Martínez V, Garolera J. Consumption symbols as carriers of culture: a study of Japanese and Spanish brand personality constructs [J]. Journal of Personality & Social Psychology, 2001, 81 (3): 492.

② Aaker J L. Dimensions of Brand Personality [J]. Journal of Marketing Research, 1997, 34 (3): 347–356.

续表

品牌个性的 五个维度	品牌个性的18个层面	51个品牌人格
刺激	大胆	大胆、时尚、兴奋
	活泼	活力、酷、年轻
	想象	富有想象力、独特
	现代	追求最新、独立、当代
称职	可靠	可靠、勤奋、安全
	智能	智能、富有技术、团队协作
	成功	成功、领导、自信
	责任	责任、绿色、充满爱心
教养	高贵	高贵、魅力、漂亮
	迷人	迷人、女性、柔滑
	精致	精致、含蓄、南方
	平和	平和、有礼貌的、天真
强壮	户外	户外、男性、北方
	强壮	强壮、粗犷

在此研究基础上，国外众多学者对不同国家文化背景下的品牌个性维度进行了探讨。Thomas 和 Sekar（2008）[①] 研究了以印度文化为背景的品牌个性维度，将印度"最值得信赖品牌"——高露洁作为研究对象，并用 Aaker 的五个品牌个性维度进行了检验。结果发现，在印度的文化环境下，Aaker 品牌个性五个维度中的"教养"和"强壮"的信度很低，该结果表明，在不同的文化背景下，品牌个性维度的重要性不同。因此，本书在研究互联网金融品牌个性维度的时候，会对此进行适当调整。

---

① Thomas B J, Sekar P C. Measurement and validity of Jennifer Aaker's brand personality scale for Colgate brand [J]. Vikalpa the Journal for Decision Makers, 2008.

有学者对 Aaker 的研究结果表示质疑（Azoulay，2003）[①]，他们认为 Aaker 的品牌个性维度体系部分偏离了人格理论的"大五"结构，并且效度上得不到保障。Austin 等（2003）[②] 也指出 Aaker 品牌个性测量框架，对测量广义的产品类别（饭店）中的个别品牌不具有普遍适用性，且在分析一些产品类别中的集合品牌时也不普遍适用，但是 Aaker 的量表的重要意义在于为我们提供了一种新的研究思路，并且推动了品牌个性研究的进程。

国内学者借鉴 Aaker 量表，在基于我国文化背景下对我国的品牌个性维度进行了开发和检验。中山大学的黄胜兵和卢泰宏（2003）[③]，通过实证研究开发了中国的品牌个性维度量表，并用五个中国传统的词汇"仁、智、勇、乐、雅"将它们进行概括，其中"仁"类似于 Aaker 等人品牌个性维度中的"真诚"，用来表示人们具有的良好的品行和高洁的品质，这一类词汇有直率、友好、真实等；"智"类似于 Aaker 等人品牌个性维度中的"称职"，用来表示人们责任、有爱心、可靠等品质；"勇"类似于 Aaker 等人品牌个性维度中的"强壮"，形容粗犷、坚强等形象特征；"乐"比较接近 Aaker 等人品牌个性维度中的"刺激"，但还具有中国特色，表达积极、自信、乐观、时尚的含义；"雅"类似于 Aaker 等人品牌个性维度中的"教养"，用来形容人有品位，有道德。

---

① Azoulay A, Kapferer J N. Do brand personality scales really measure brand personality? [J]. Journal of Brand Management, 2003, 11（2）: 143 – 155.

② Austin J R, Siguaw J, Mattila A. The brand – personality scale: an application for restaurants. [J]. Cornell Hospitality Quarterly, 1999, 40（3）: 48 – 55.

③ 黄胜兵，卢泰宏. 品牌个性维度的本土化研究 [J]. 南开管理评论, 2003, 6（1）: 4 – 9.

综上所述，在构建品牌个性维度的时候，学术界大多学者参考了 Aaker 的品牌个性维度，但是，具体实证研究都结合了所在国家的国情、产品、企业等因素，对品牌个性维度进行了适当调整。因此，在构建互联网金融品牌个性维度的时候，我们认为不仅要参考 Aaker 的品牌个性维度，更重要的是要结合互联网金融消费群体的关注点来构建量表。如历史传统、追求最新、安全、绿色等多个三级指标可能与互联网金融的使用有着直接或者间接的关系，这些品牌个性会影响人们对互联网金融的行为和态度，拥有传统品牌个性的人可能会对互联网金融的接受速度要慢一点，比起追求最新的人，他们往往习惯于以前的金融方式。

近年来，各大商业银行都在寻找适合自己发展的方向，并且取得了显著的成就，为我国金融业发展做出了贡献。但随着银行业竞争的加剧，国内商业银行面临国内外同行业的市场压力。国内商业银行要在激烈的竞争中占得先机，要想实现可持续发展，就必须建设自己独特的品牌文化。要有个性，并且在发展中不断改进和提升品牌文化，让品牌始终获得新鲜血液，健康成长。目前，我国传统银行业的一些品牌都是把同质化的产品通过不同形式的包装，然后作为自己的新品进行宣传，这样是没有内涵的，是没有可持续发展生命力的。同行业之间的可替代性太强，没有个性，所以消费者没有忠诚度可言。品牌差异不仅体现在金融行业的服务和产品设计上，还要从文化、理念、服务、价值观等层面来区分，通过消费者在产品和服务上日积月累的实在感受，形成适合受众的互联网金融品牌个性。

由于互联网与金融的特性叠加，互联网金融品牌个性往往可以通过企业的业务定位专业化程度和企业会员数体现。一个企业的专业化程度反映的是企业的核心竞争力，是一个企业在行业的细分市场定位能否成功的关键。目前,在互联网金融行业中,可以分为个人信贷、企业信贷、房贷以及车贷等四大模块。目前,互联网企业专业化程度在不断提高(吴清,2011)①,企业有缩小经营范围的倾向,更专注于自身核心能力的发展。通过对大量互联网金融公司的调查,我们发现专注于某一模块的企业往往比业务多元化的企业更具有品牌个性,对于目标客户来说,也更加具有吸引力。互联网金融企业的会员注册数量是一个企业忠诚顾客多少的体现,会员注册数量的多寡,反映的是企业的经营活力,会员数越多,互联网金融企业的品牌个性就越强。

第二节 互联网金融品牌知名度研究综述

美国营销协会(AMA)将品牌定义为一个名称、符号,或者是一个标识,它是隶属于产品或者服务的一种无形资产(符国群等,2003)②。但是,品牌不仅仅是一种名称符号,它可以提高产品或者服务的附加价值。对于生产者而言,品牌是保护自己产品或服务不受侵害的重要标识;对于消费者而言,品牌是判别产品好坏的外部特征。对于同一类型的产品,特别是差异化不是太明显的产品来说,产品的质量往往没有太大的差距,消费者总是根据自己的品牌联想以及市场的品牌知名度去寻找其所需产品。因此,对于消费者来说,品牌知名度是一个很

---

① 吴清. 互联网络与企业专业化变迁 [J]. 经济管理, 2011 (10): 140 - 144.
② 符国群, 佟学英. 品牌、价格和原产地如何影响消费者的购买选择 [J]. 管理科学学报, 2003, 6 (6): 79 - 84.

重要的因素。

Sholker A D, Aaker（1991）[①] 在研究品牌资产时，提出品牌知名度是品牌资产的第一步，它是消费者评价产品或者服务的重要指标，它反映的是消费者识别品牌的潜在能力。Aaker将品牌知名度确立了三个层次：

（1）高端品牌——品牌主宰最高层次的知名度，当消费者被要求在产品类别中命名品牌时首先出现；

（2）无瑕疵的品牌召回——一旦提到产品类别，就会反映品牌的意识；

（3）品牌认知——与过去曝光所获得的熟悉度和联系相关，可以被认为是辅助召回的一种方式。在消费者购买过程中，产品或服务的品牌知名度是一个极为重要的影响因素。

Keller（1993）[②] 同样对品牌知名度问题进行了思考。他认为消费者在选择品牌时都是根据自己本身的品牌知识来进行挑选的，而品牌知识构架在品牌知名度基础上，品牌知名度又可以分为品牌认知和品牌回忆。品牌认知，是指消费者对于产品的识别能力，消费者能否看出他是否用过此品牌。品牌回忆，是指当消费者需要购买某一产品时，他是否能想起某一特定产品的品牌。假如消费者购买互联网金融的产品或服务时，他能想起某一特定品牌，那么该品牌就具有名牌回忆。

Aaker和Keller是美国研究品牌理论的两个著名学者。他们认为，品牌知名度与消费者心目中品牌的实力有关，反映了消费者在不同条件

[①] Shocker A D, Aaker D A. Managing brand equity [M]. The Free Pree, 1991.

[②] Kevin Lane Keller. Conceptualizing, Measuring, and Managing Customer – Based Brand Equity, in: Journal of Marketing, Vol. 57, 1 – 22 [J]. Journal of Marketing, 1993, 57（1）: 1.

下识别品牌的能力。因此对于每个企业,特别是像互联网金融这样的新兴产业而言,提供的都是无形的服务,品牌知名度是建立与目标顾客良好关系的开端,所以建立品牌知名度往往更利于发展。Keller（2003）认为,高端的品牌知名度有三大优势。首先,知名度提供了消费者进行学习的优势,知名度水平越高,消费者越容易了解这个企业,品牌资产越好。其次,品牌具有知名度,可以导致消费者的品牌联想更容易出现。最后,即使在缺乏购买动机或能力的情况下,知名度依旧提供了低参与购买决策的选择优势。由此可见,品牌知名度影响着消费者的选择。

Laurent 等（1995）[1] 认为,品牌知名度是衡量消费者心目中的品牌感知。Aaker（1996）[2] 也表示,品牌知名度可以影响消费者感觉和态度,导致品牌和品牌忠诚度的选择。Steenkamp 等（2010）[3] 发现消费者愿意支付价格溢价民族品牌超过私人品牌。Kamins 和 Marks（1991）[4] 也表示消费者对熟悉品牌的购买意向较高。由此可见,对于互联网金融行业来说,建立良好的品牌知名度是建立消费者品牌联想的基础。

---

[1] Laurent G, Kapferer J - N, Roussel F. The Underlying Structure of Brand Awareness Scores [J]. Marketing Science, 1995, 14 (3): G170 - G179

[2] Aaker D. Measuring Brand Equity Across Products and Markets [J]. California Management Review, 1996, 38 (3): 102.

[3] Steenkamp J - B E M, Van Heerde H J, Geyskens I. What makes consumers willing to pay a price premium for national brands over private labels? [J]. Journal of Marketing Research, 2010, 47 (6): 1011 - 1024.

[4] Kamins M A, Marks L J. The Perception of Kosher as a Third Party Certification Claim in Advertising For Familiar and Unfamiliar Brands [J]. Journal of the Academy of Marketing Science, 1991, 19 (3): 177 - 185.

国内学者（乔均，2012；田金梅等，2013）①普遍认为，品牌知名度指消费者识别或想起某一品牌的能力，即顾客知晓、熟悉品牌的程度。施振荣（2005）②提出品牌价值的测量公式，他认为品牌价值就是品牌知名度和品牌定位的乘积。由此可见，高知名度品牌通常具有相对较高的品牌权益。张新锐和杨晓铮（2002）③研究了品牌知名度、美誉度、忠诚度的关系，发现品牌知名度对于企业的美誉度、忠诚度有正向关系。赵月旺（2006）④研究了互联网中网络知名度对于市场份额的影响，网络上的人气度对于企业的市场份额存在相关关系。吴建萍（2001）⑤研究了互联网时代服装品牌的运营模式，提出网络品牌的时空优势可以提高品牌知名度。乔均（2017）⑥认为，互联网金融的品牌知名度是提高其品牌形象的重要指标，有助于提升网络人气度。

综上所述，互联网金融的品牌知名度是由品牌联想和品牌认知构成的，是消费者在消费前通过市场的媒体所察觉的对于品牌的第一印象。网络人气度反映的是消费者对于互联网金融企业的忠诚度，网络人气度可以很好地反映品牌知名度。另外，社会认知可以更好地反映整个社会

---

① 乔均. 银行和保险业品牌形象研究 [M]. 北京：中国财政经济出版社，2012；田金梅，张秀娟，麦健鹏等. 品牌知名度和安全认证对猪肉消费行为的影响 [J]. 华南农业大学学报（社会科学版），2013（3）：104-111.
② 施振荣. 全球品牌大战略 [M]. 中信出版社，2005.
③ 张新锐，杨晓铮. 品牌阶梯——品牌知名度、美誉度、忠诚度 [J]. 经济管理，2002（21）：14-16.
④ 赵月旺. 从网络知名度推断市场份额 [J]. 商界：评论，2006（8）：152-153.
⑤ 吴建萍. 互联网时代服装品牌的运营模式 [J]. 东华大学学报（社会科学），2001，1（4）：36-39.
⑥ 乔均. 互联网券商品牌形象度量研究：以涨乐财富通和国安君弘为例 [J]. 品牌研究，2017（11）：4-9.

对于企业的看法,人气度和社会认知度可以用来测量互联网金融品牌知名度。

第三节 互联网金融品牌网络满意度研究综述

网络满意度是顾客满意度的一种衍生,很多专家(查金祥,王立生,2006)[①]认为,企业想要获得持久的竞争力和源源不断的顾客,就要以顾客为导向,以顾客满意为营销研究目标。

业界对顾客满意的认同比较一致。Howard 和 Sheth (1969)[②]认为顾客满意是一种理性判断,它是消费者对于其在消费过程中付出与收获的主观反映,如果收获大于付出,消费者会表现出喜悦和满意状态。Fornell (1992)[③]认为顾客满意是消费者在消费完成后对于自己已购产品或服务的一种总体感受。Kotler (2015)[④]也认为,顾客满意是一种心理感受,它是客户觉察到的产品或服务的价值与其心理预期比较产生的结果。由此可见,顾客满意是一种主观的心理感受,它不仅与消费者的收获有关,而且与消费者得到产品或服务所付出的成本有关。网络环

---

① 查金祥,王立生. 网络购物顾客满意度影响因素的实证研究 [J]. 管理科学,2006, 19 (1): 50-58.

② Howard J A, Sheth J N. The Theory of Buyer Behavior [J]. Journal of the American Statistical Association, 1969.

③ Fornell C. A National Customer Satisfaction Barometer: The Swedish Experience [J]. Journal of Marketing, 1992, 56 (1): 6-21.

④ Kotler, Philip, Bliemel F W, et al. Marketing-Management: Analyse, Planung, Umsetzung und Steuerung [J]. Gabler, 2015, 17 (1): 99.

境下的顾客满意度具有特殊性，其特殊的环境造成了其内涵的差异。

目前，国外比较权威的顾客满意模型主要以下几种。一种是由 Fornell（1992）[①] 提出的顾客满意度指数模型，该模型认可度较高，并且与我国消费者实际情况比较吻合。它主要依据"感知表现""顾客期望"维度来测定顾客是否满意，如果不满意会产生顾客抱怨，满意则会产生顾客忠诚。另一种是 Biel（1992）[②] 开发的顾客满意度模型。该模型共有六个变量，即感知质量、顾客期望、企业形象、价值感知、顾客满意、顾客忠诚。Biel 认为，感知质量、顾客期望、企业形象共同作用于顾客满意，顾客满意作用于顾客忠诚。

查金祥和王立生（2006）[③] 认为，互联网服务质量的高低影响消费者重复购物的欲望，并对其再一次消费造成影响。网络服务具有特殊性，网络中的易用性和便利性影响顾客满意，只有全方位的服务才可能带来消费者忠诚。另外，该研究还发现，网民不选择网络的原因主要是对网站不信任，怕受骗，担心商品质量差、售后服务困难、网络安全性差等，其中，商品质量、配送及时性、信息描述、支付手段、诚信是被网民提到最多的几个需要改进的方面。因此，我们可以发现互联网金融中，消费者对于互联网消费的要求更加苛刻。不仅要求信息公开、对称，而且追求更快、更好、更便利的服务。白云（2014）[④] 通过 P2P 模

[①] Fornell C. Johnson M. D., Differentiation as a basis for explaining customer satisfaction across industries [J]. Journal of Economic Psychology, 1993, 14 (4): 681 – 696. Volume 14, Issue 4, December 1993, Pages 681 – 696.

[②] Biel A L. How Brand Image Drives Brand Equity [J]. Journal of Advertising Research, 1992, 32 (6).

[③] 查金祥，王立生. 网络购物顾客满意度影响因素的实证研究 [J]. 管理科学，2006, 19 (6).

[④] 白云. P2P 模式网络借贷顾客满意度实证分析 [D]. 哈尔滨工业大学，2014.

式对网络借贷顾客满意度进行了实证分析,该互联网金融顾客满意度的研究维度包括服务感知、页面设计、信息透明度、信任感知和价值感知等。严炎(2016)① 对服装网络顾客满意度进行了研究,运用交易安全、产品信息、网络设计、服务质量等变量来测算互联网顾客满意度。

综上所述,我们认为互联网金融的网络满意度是消费者在互联网金融环境下,对于消费全过程的一种评价,它是一种主观心理,与互联网企业的服务质量和交易质量有关。从上文综述可以看出,对于互联网金融网络满意度的测量,可以从服务感知、技术设计、信息对称、信任感知、价值感知等维度来测量。

第四节　互联网金融品牌道德法律研究综述

一、互联网金融品牌社会责任研究综述

从借贷宝事件(2016)② 和 e 租宝跑路事件(2017)③,到 2018 年全国爆发的大量互联网金融公司跑路事件(2018)④,互联网金融的发

---

① 严炎.服装网络营销顾客满意度影响因素研究[D].武汉纺织大学,2016.
② 借贷宝 10G 事件:分开大腿亮证来钱真容易吗？https://www.sohu.com/a/120372784_408457.
③ 2017 互联网金融公司十大跑路排名名单,https://www.xiaoziqianbao.com/p2p/licai/p2plc/177.html.
④ 2018 年 P2P 平台面临倒闭的互联网金融公司,https://www.sohu.com/a/255618781_100241967.

展已经成为社会关注的焦点。学术界（乔海曙，王惟希，莫莎，2013）① 对互联网金融的商业指标和安全指标研究得比较多，对互联网金融的社会责任问题研究得相对较少。但企业社会责任已经从意识形态转向现实经济社会，许多专家（Lichtenstein 等，2004）② 认为企业组织有必要界定其在社会中的作用，并将社会道德标准应用于企业管理。就目前互联网金融企业的发展而言，企业社会责任在消费者品牌和产品评估中发挥着越来越重要的作用，并且超越经济或"理性"的考虑（Homayoun，Rahman，Johansson 等，2004）③。事实上，2009 年开始，联合国工业发展组织（UNIDO）就在全球大力推广实施企业社会责任（ISO26000）。国家发改委曾经要求国内的上市公司积极承担企业社会责任，目前，政府部门尚未对互联网金融公司提出强行履行社会责任的要求，但是互联网金融履行社会责任是趋势。

品牌打造与树立是一个长期不懈的工作，如果发生品牌道德危机，一夜之间品牌也许将毁于一旦。随着国内金融行业的不断发展，金融行业的品牌道德意识在逐步加强，互联网金融的安全性、开放性、社会责任等逐步提上议事日程。尽管目前还不尽如人意，制度设计以及实践上都存在一些问题，但是强化互联网金融的社会责任应该是大方向。根据文献检索，笔者认为应该从法律和道德两个角度去阐述互联网金融的社

---

① 乔海曙，王惟希，莫莎. 基于社会责任视角的商业银行品牌竞争研究 [J]. 金融论坛，2013，(01)：20 - 28.

② Lichtenstein D R, Braig B M. The Effect of Corporate Social Responsibility on Customer Donations to Corporate - Supported Nonprofits [J]. Journal of Marketing, 2004, 68 (4)：16 - 32.

③ Klein J, Dawar N. Corporate Social Responsibility and Consumers' Attributions and Brand Evaluations in a Product - Harm Crisis [J]. International Journal of Research in Marketing, 2004, 21 (3)：203 - 217.

会责任。

二、互联网金融品牌道德责任研究综述

互联网金融企业的道德责任,是指互联网金融企业应当对公民和社会行驶规范的经济职责。有专家认为(Homayoun S, Rahman R A, Johansson J 等,2012)①,由于供应链全球化,企业不道德和不负责任的经营方式对社会的危害越来越大。互联网的快速传播性,使全球各地的人们都能快速知道剥削工人、非法使用未成年人和环境污染等问题。所以,互联网金融企业作为互联网的一个平台,更应当承担道德责任。在互联网金融领域,如果出现了道德问题,必将暴露企业资金运行的风险,更严重的,将影响整个行业发展。因此,要想解决互联网金融消费者问题,从根源上来说就是要解决道德缺失问题。互联网金融道德的缺失,会使得消费者的权益难以获得有效保护。

互联网金融常见的道德行为缺失包括信用违约、恶意欺诈、挪用资金、信息造假、网络洗钱和数据泄露。业界关于互联网金融的道德责任研究多集中于消费者的权益研究。郭纹廷和王文峰(2015)②认为,互联网金融是高风险和高收益并存的行业,高收益吸引了大量的消费者投资,但是,由于行业监管缺失,导致消费者投资权益受损。周昌发和李京霖(2014)③从用户、互联网金融机构和监管机构三个角度分析,指

---

① Homayoun S, Rahman R A, Johansson J, et al. Internet Corporate Social Responsibility Disclosure Among Malaysian LlistedCompanies [J]. Bioinfo Financial Management, 2012, 2 (1): 42 – 50.

② 郭纹廷,王文峰. 互联网金融的风险与防范——基于相关利益主体的视角 [J]. 当代经济研究,2015,233 (2): 92 – 96.

③ 周昌发,李京霖. 互联网金融消费者权益保护探讨 [J]. 保山学院学报,2014,33 (4): 38 – 40.

出使得互联网金融消费者权益受损最主要的因素是网络信息泄露及虚假信息披露。另外，陈珑中和郝秀军（2015）① 认为，与传统金融消费者相比，互联网金融企业在消费者知情权、资金安全和信息安全等权益保护方面存在问题，并提出，加强互联网金融企业的自律和建立互联网金融消费者权益纠纷解决机制的应对之策，以期更好地保护我国互联网金融行业的消费者权益。

从当前关于互联网金融的道德研究来看，虽然大多集中于消费者权益的维护，但是没有提及互联网本身的特殊性，所以从根本上来说，无法彻底实现对消费者权益的保护。随着互联网技术与金融业的不断融合，消费者对互联网金融平台的企业道德规范要求会越来越苛刻。互联网金融与传统金融一样，会受到社会整体价值观的影响。因此，如果将互联网文明与道德文明相统一，充分发挥道德规范在互联网金融消费者权益保护中的作用，不仅能完善当前互联网金融消费者保护的理论，也能为互联网金融消费者维权提供新的路径。

三、互联网金融品牌法律责任研究综述

法律中最重要的组成部分就是法律责任，依法履行法律责任是履行义务、实现权利的重要途径。互联网金融的发展为我们带来了很多好处，它不仅为我们提供了更多的投资选择，也给我们的日常生活带来了便利。随着互联网金融的不断发展，互联网金融将与传统金融并重，甚至逐渐取代传统金融的地位，但互联网金融作为一种新生事物，其存在的问题也较多，特别是在法律方面，对目前的金融法律规定以及金融监

---

① 陈珑中，郝秀军. 我国互联网金融消费者权益的法律保护［J］. 金融理论与实践，2015（9）：73-76.

管模式提出了挑战。

我国现有的《银行法》《证券法》《保险法》等法律法规全是针对传统金融业务制定的，部分规定难以适用于互联网金融业务管理，更难以适用于互联网金融门户的业务运营。虽然近年来我国相继出台了《网上银行业务管理暂行办法》（2001；2007年废止）、《网上证券委托管理暂行办法》（2000）、《电子签名法》（2005；2015修正版）、《关于促进互联网金融健康发展的指导意见》（2015）、《网络借贷信息中介机构业务活动管理暂行办法》（2016）、《网络借贷资金存管业务指引》（2017）、《关于对互联网平台与各类交易场所合作从事违法违规业务开展清理整顿的通知》（2017）、《网络借贷资金存管业务指引》（2017）等法律法规，但是在互联网金融门户市场准入、交易者身份认证、资金监管、电子合同有效性、个人信息保护等方面仍然缺乏明确的法律规定。

互联网金融行业管理的突出问题是监管不到位。互联网金融属于新兴技术下的新兴金融行业，涉及的技术问题较多，新的互联网金融衍生工具层出不穷，虽然中国人民银行、中国银监会等都出台多种政策文件加以规范，但是监管政策不统一，监管内容不全面，监管漏洞比较多。鉴于互联网金融自身发展的便利性及暴利性特点，目前互联网金融投资网民较多，投入资金也十分庞大。但是，由于互联网金融行业法律建设还不够成熟，行业风险较大，普遍存在泄露投资者信息，随意挪用资金，甚至存在非法洗钱等犯罪活动。近年来，互联网金融行业中垮塌的公司均已经证明上述现象的存在，其社会危害性巨大。另外，由于互联网的介入，使网络犯罪活动变得难以预防和控制，加大了相关部门侦查工作的难度。目前，学术界对于互联网金融的看法褒贬不一，批评者认为，互联网金融是想借助其特殊性，借助政策的支持去忽视法律的要求,其行为可能已经违法。但多数学者(刘宪权和金华捷,2014)[①]认为,互联网金融是现代互联网技术与传统金融业务相结合的产物,属于经营模式上的重大创新,是时代发展的趋势,不能因为出现问题就废止或限制该事物的发展,应该因势利导,逐步完善。

加强互联网金融的监管必须健全互联网金融法律法规。国内学者(眭立军和李婷,2016)[②]普遍认为互联网金融监管法律存在缺陷,我国在互联网金融行业方面的法律责任的规定还不健全,金融机构的社会责任立法层次较低,大多是监管机构或行业协会发布的指引性文件,没有从法律层面明确金融机构的社会责任,使其履行社会责任时缺乏法律和制度的约束,更多依赖自律和道德约束。目前,互联网金融领域的监管主要还是靠政府的行政命令,很多学者(曹涌涛和王建萍,2008)[③]认为,政府监管不能替代市场监管。我国需要建立法律强制、政策引导、行业自律性、组织协调的外部约束机制,并且完善公司治理和道德调控的内部自律机制,以督促银行履行法律责任。有学者(岳彩申和张晓东,2010)[④]认为,仅仅依靠政府是无法根本解决互联网金融监管问题的,应该从不同环节对互联网金融企业的法律责任进行规范,包括互联网金融产品市场准入、互联网金融衍生品市场监管、互联网金融产品的消费者与投资者保护、企业高管薪酬机制、互联网金融产品的信用

---

① 刘宪权,金华捷. 论互联网金融的行政监管与刑法规制 [J]. 法学,2014 (6): 8-16.

② 眭立军,李婷. 我国金融机构履行社会责任存在的问题及对策 [J]. 经济纵横,2016 (10): 122-124.

③ 曹涌涛,王建萍. 论商业银行的社会责任 [J]. 金融论坛,2008,13 (7): 53-58.

④ 岳彩申,张晓东. 金融创新产品法律责任制度的完善——后金融危机时代的反思 [J]. 法学论坛,2010,25 (5): 57-63.

评级等。互联网金融承担的法律责任对社会有正向促进作用。贾其容（2013）[①] 认为，法律责任可以看作是对金融企业的硬性约束，是对其过度追求自身利益的行为约束。法律法规的制定对于互联网金融网民而言，一方面能够规范其行为，提高其风险防范意识；另一方面也能形成威慑，防止潜在的犯罪。互联网金融是新生事物，必须加强互联网金融行业风险防范意识，从法律层面建立相关的配套体系，规范其业务发展和创新。

综上所述，互联网金融的法律责任主要可分为四部分：第一是防止网上信息泄露的法律责任。从消费者的角度出发，消除两边信息不对称，保护消费者权益。第二是保护消费者隐私的法律责任。根据中国《刑法修正案（七）》和《电信和互联网用户个人信息保护规定》以及2014年修订并在3月15日开始适用的《消费者权益保护法》等若干法律法规、立法解释、司法解释都对公民信息和隐私保护有非常详细的规定。如果互联网金融机构没有依法保护好消费者的隐私，那么由于网络技术的存在，将导致信息四处扩散，无法控制。第三是防止网络洗钱犯罪的法律责任。根据相关法律规定，没有监管部门的批准，互联网金融企业没有权利吸收资金。第四是互联网直销基金的法律责任。互联网经济是完全的眼球经济，严格控制通过刺激网民眼球作为企业营销手段，利用虚假广告欺骗消费者的行为。

综上所述，互联网金融的人文因素对互联网金融的影响较大，互联网金融的人文因素主要由互联网品牌的个性、品牌的知名度、网络满意度和道德法律因素构成。概括而言，如表2-3所示。

---

① 贾其容. 商业银行履行社会责任与顾客对品牌的忠诚 [J]. 金融论坛, 2013 (3): 55-59.

表2-3　　　　　　　互联网金融品牌人文因素指标体系

人文因素指标	品牌个性	个性被定义为个体事物特有的特征，品牌个性是由品牌联想出来的一组人类特征构成	Aaker（1997）；Ryckman（2007）
		互联网金融品牌个性往往可以通过企业的专业化程度和企业会员数体现	Azoulay（2003）；吴清（2011）
	品牌知名度	品牌知名度衡量消费者心目中的品牌感知，消费者对熟悉品牌的购买意向较高	Aaker（1991）；Keller（1993）；Steenkamp（2010）
		互联网金融的品牌知名度是由品牌联想和品牌认知构成的，网络人气度可以很好地反映品牌知名度	Kamins和Marks（1991）；赵月旺（2006）；乔均（2017）
	网络满意度	企业想要获得持久的竞争力就要以顾客满意为营销研究目标	Fornell（1992）；Biel（1992）；Howard和Sheth（1969）
		互联网服务质量高低影响消费者的满意度；网络的易用性和便利性影响顾客满意	查金祥和王立生（2006）；白云（2014）
		互联网金融顾客满意度包括服务感知、页面设计、信息透明度、信任感知和价值感知等	严炎（2016）
	道德法律因素	就互联网金融企业的发展而言，企业社会责任在消费者品牌和产品评估中发挥着越来越重要的作用	乔海曙、王惟希、莫莎（2013）；Lichtenstein等（2004）；联合国工业发展组织（2009）
		互联网金融企业的道德责任是指互联网金融企业应当对公民和社会行驶规范的经济职责	Homayoun, Rahman, Johansson（2012）；郭纹廷和王文峰（2015）；周昌发和李京霖（2014）；陈珑中和郝秀军（2015）
		互联网金融品牌的法律责任，需要加强互联网金融的监管，健全互联网金融法律法规	刘宪权和金华捷（2014）；曹涌涛和王建萍（2008）；岳彩申和张晓东（2010）；贾其容（2013）

| 第三章 |

互联网金融品牌技术因素研究综述

互联网金融技术因素是影响互联网金融成功与否的关键。本章梳理了研究影响互联网金融技术因素的文献,基于知识基础的视角,将互联网金融技术因素归类为安全性因素、隐私性因素、有用性因素、易用性因素、透明性因素。这些研究综述对于理解互联网金融的技术因素的边界条件,以及指导互联网金融技术管理有重要的意义。

第一节　互联网金融品牌安全性研究综述

根据新巴塞尔协议，操作风险是指由不完善或有问题的内部程序、人员及系统或外部事件所造成损失的风险。巴塞尔协议的两次修订，将操作风险放在了越来越重要的位置。尤其是新巴塞尔协议，对操作风险的资本补偿做了明确的规定。由此可见，基于人的行为和程序技术所产生的操作风险，是金融机构面临的重要威胁之一，也是互联网金融行业发展的重要隐患之一。

随着通过互联网提供的产品和服务的数量迅速增长，消费者越来越关注互联网的安全问题。互联网金融的安全性，是指消费者对互联网金融机构的感知安全，涉及资金、数据以及交易等方面的安全（乔均，2016）[1]。网上银行的安全主要包括交易系统安全和数据库系统安全。交易系统安全依赖于现有信息技术，而数据库系统的安全包括数据库本身的安全和数据库管理系统的安全两个方面。消费者安全性的概念已经被广泛使用，在研究顾客接受网上银行的影响因素上，网络环境下顾客对于网上银行满意度和忠诚度的影响因素等是学者考虑的重要问题。

近年来，国内外学者对于互联网金融服务质量及其重要程度进行了有益探讨，许多学者将安全性作为衡量网上银行服务质量的重要指标之

---

[1] 乔均. 互联网金融企业品牌形象度量研究 [J]. 南京社会科学, 2016 (10): 23 - 28.

一。Chananka Jayawardhena（2000）① 在研究网上银行服务质量时，把安全性作为衡量的重要维度。

George（2014）② 在对印度网上银行服务质量维度的研究中，调查了安全性对客户满意度的影响。对安全性的测量维度包括：（1）使用网上银行感到不安全；（2）担心其他人可能访问我的网上银行账户；（3）网上银行服务器可能会错误地处理付款；（4）银行在错误发生时不给予补偿。其研究发现安全性对网上银行的服务影响仅次于隐私，银行通过优化安全性等提高服务质量，从而提高顾客满意度。响应性和安全性维度对隐私维度也产生影响。客户认为安全维度作为最低的措施，各种服务质量维度的措施可能在某种程度上影响着印度的网上银行服务质量。因此，银行应积极从技术因素角度更好地保障网上银行用户的隐私，密切关注如何改善网上银行用户对服务质量的安全性的看法。努力提高用户的满意度。在 George 的此项研究中，选择的客户群体具有局限性，研究仅考虑了零售银行客户（即普通市民和小微企业）的看法，未考虑使用网上银行的批发银行客户（即大企业、事业单位和社会团体）的看法。该研究结果推广到其他用户群体不一定成立。国内学者汪纯孝等（2001）③ 也认为，研究互联网金融服务质量时应包含技术质量和交互质量。该研究认为，互联网金融交易服务是一种相互交换的信息流的服务，应该把安全性与信息质量、效率、响应性、可靠性等因素

---

① Chananka Jayawardhena, Paul Foley. Changes in the Banking sector-the Case of internet Banking in The UK [J]. Internet Research：Electronic Networking Applications and Policy, 2000, 10（1）：15 – 20.

② George A, Kumar GSG. Impact of Service Quality Dimensions in Internet Banking on Customer Satisfaction [J]. Decision, 2014, 41（1）：73 – 85.

③ 汪纯孝，温碧燕，姜彩芬. 服务质量、消费价值、旅客满意感与行为意向 [J]. 南开管理评论, 2001, （06）：11 – 15.

一起作为衡量网上感知服务质量的维度。

通过文献研究和深度访谈，张圣亮和王爱霞（2011）[1] 提炼出可能影响网上银行顾客感知服务质量的五个因素，其中安全性因素与网上银行顾客感知服务质量呈显著正相关。对安全性的评估包括以下四个测量维度：（1）有足够的安全保护措施；（2）严格保护顾客个人信息；（3）严格保护顾客网上交易习惯信息；（4）在该网上银行办理业务不恐慌，有安全感。该研究选取中国银行、中国工商银行、中国建设银行、中国农业银行、交通银行和招商银行作为样本，通过实证研究得出了网上银行服务质量五个因素对于不同银行的影响程度有所不同的结论。安全性对中国银行和招商银行服务质量有显著影响，但对其他银行服务质量影响不显著。我国四大国有商业银行相对于股份制银行的网上银行服务质量还较低，这与其在实体银行方面的表现是不吻合的。四大国有商业银行必须尽力提升网上银行服务质量，以免在新业务领域和年轻客户群中丧失优势。

在对顾客感知价值及客户行为等问题的研究中，不少学者发现安全性因素通过信任等因素直接或间接对客户是否采用网上银行及互联网理财产品的行为产生影响。Shumaila 等（2003）[2] 在借鉴电子商务中信任概念模型的基础上，提出了网络银行中的信任概念模型。该模型强调了感知隐私和感知安全性是网上银行使用中影响信任的关键因素。Nuseir 等（2010）[3] 将客户对电子服务质量的满意度在商业银行的背景下进行

---

[1] 张圣亮，王爱霞. 网上银行顾客感知服务质量影响因素研究 [J]. 北京理工大学学报社会科学版，2011，13（1）：59–63.

[2] Shumaila Y, John G, Gordon R. A Proposed Model of E-trust Electronic Banking [J]. Technovation, 2003 (23).

[3] Nuseir MT, Akroush MN, Mahadin BK, Bataineh AQ (2010) The Effect of e-Service Quality on Customer's Satisfaction in Banks Operating in Jordan: an Empirical Investigation of Customers Perspective. Int J Serv Econ Manag, 2（1）：80–108.

测量，通过研究网上银行交易的安全性等 6 个维度，表明了客户对网络银行服务质量的各个方面的满意程度。实证表明，在各维度中，安全性是对客户满意度影响最大的因素，银行需要重点关注安全和隐私维度，并且随着技术的改进不断自动更新系统安全。Yu Lung Wu 等（2012）[1]将影响网上银行客户行为意向概括为四个维度，其中包括安全性因素，且安全性指标主要通过以下四个维度测量：（1）通过互联网银行进行交易是安全的；（2）互联网银行保护用户的隐私和交易信息；（3）互联网银行有基本的安全保护功能；（4）互联网银行有明确的交易安全政策。本研究首先审查和总结了他人在七个国家进行的电子银行服务质量研究的方法和服务质量维度，以中国台湾地区为样本，得出中国台湾地区电子银行服务质量的衡量标准。Andrews 等人（2013）[2] 研究了智利国家的网上购物的信任与风险，指出第三方保证的信任和信任的文化环境对在线购买意向有强烈影响，感知风险与消费意向态度有反向关系。

Yoon（2013）[3] 开发了关于客户个性和客户看法影响网上银行使用的量表模型，提出感知安全性维度，并得出客户感知安全对互联网银行使用产生负面影响的结论。感知安全可以通过四个维度测量，即：(1) 通过网上银行交易感到安全；(2) 向网上银行提供个人私密信息

---

[1] Yu Lung Wu, Yu Hui Tao, Pei Chi Yang. Learning From the Past and Present: Measuring Internet Banking service Quality [J]. Service Industries Journal, 2012, 32（3）: 477 - 497.

[2] Andrews L, Bianchi C. Consumer Internet Purchasing Behavior in Chile [J]. Journal of Business Research, 2013, 66（10）: 1791 - 1799.

[3] Yoon HS, Barker Steege L M. Development of a Quantitative Model of the Impact of Customers' Personality and Perceptions on Internet Banking Use [J]. Computers in Human Behavior, 2013, 29（3）: 1133 - 1141.

感到安全；（3）向相关用户推荐网上银行的业务；（4）不担心他人通过网上银行窃取我的账号。该模型通过维度之间的交互效应扩展了以前的研究，即开放性、网站可用性、安全性、社会影响在直接调节网上银行服务质量以及通过其他维度间接调节网上银行服务质量的作用，有助于增加人们理解这些维度如何互动影响互联网银行使用，有助于帮助我们设计网上银行和其他电子渠道系统。在对可用性维度和安全维度之间的相互作用的研究中，得出互联网银行使用之间的相关性和客户感知的易用性，缓和了客户感知安全问题和网上银行使用之间的关系的结论。

Yu Lung Wu 等（2012）对于衡量网上银行服务质量测量维度的研究中，通过分析七个国家七个网上银行的样本数据，提出电子服务质量的网上银行服务与嵌入式文化因素的整体观点。国内学者 Yang 等（2015）[1] 基于余额宝研究，指出安全因素的测量维度应该包括：（1）余额宝能够保障使用者信息安全；（2）余额宝能够验证使用者的身份；（3）余额宝能够确保信息传输时不被篡改或丢失。乔均（2016）将安全性列为影响互联网金融品牌形象的五个维度之一，对安全形象的测量应该包括：（1）重视客户的隐私；（2）网上交易在技术上有保证；（3）提供本息保证，保证资金的安全性。

此外，客户的安全性在很大程度上与较低水平的感知风险相关联。消费者的感知风险和信任水平有直接关系，在线交易时，消费者的信用评级、存款、个人金融信息可能受到威胁，当消费者感觉信息泄露的可能性较大，即安全性受到威胁时，其信任水平会受到影响，从而可能拒

---

[1] Yang Q., Pang C., Liu L. Yen D. C, Tarn J. M. Exploring Consumer Perceived Risk and Trust for Online Payments: An Empirical Study in China's Younger Generation [J]. Computers in Human Behavior, 2015, 50 (C): 9–24.

绝交易。消费者往往对互联网购物具有高水平的风险感知。Loureiro（2013）[①] 认为，感知风险来自三个方面：产品性能、金融风险、在线交易。张喆和胡冰雁（2014）[②] 将感知风险分为功能性风险和情感性风险，实证表明，功能性风险负向影响创新产品的持续性信息搜寻，情感性风险的影响则是正向的。另有实证研究表明，感知风险对消费者网上金融行为会产生负面影响。陈冬宇等（2014）[③] 对网络借贷（P2P）进行了实证研究，结果表明，感知风险降低了借款人的信任水平和出借意愿，降低了网络借贷的成功率。另有学者把感知风险细分为几个类型，如 Hong（2015）[④] 把感知风险划分为金融、操作、交货、心理和社会风险，分别研究对信任的影响。Lichtenstein（2015）[⑤] 实证研究表明，澳大利亚银行消费者已经调整到基于互联网的风险的存在，并越来越准备接受风险。目前的风险是可以通过个人信念的策略来管理，这些策略是提高制度和技术信息安全水平、希望和风险接受度，以及仔细制定的

[①] Loureiro SMC. The Effect of Perceived Benefits, Trust, Quality, Brand Awareness/associations and Brand loyalty on Internet Banking Brand Equity [J]. International Journal of Electronic Commerce Studies, 2013, 4 (2): 139 – 158.

[②] 张喆, 胡冰雁. 感知风险对创新产品信息搜寻的影响: 消费者创新性的调节作用 [J]. 管理评论, 2014, 26 (8): 145 – 157.

[③] 陈冬宇, 朱浩, 郑海超. 风险、信任和出借意愿: 基于拍拍贷注册用户的实证研究 [J]. 管理评论, 2014, 26 (1): 150 – 158.

[④] Hong I. B Understanding The Consume's Online Merchant Selection Process: The Roles of Product Involvement, Perceived Risk, and Trust Expectation [J]. International Journal of Information Management, 2015, 35 (3): 322 – 336.

[⑤] Lichtenstein S, Williamson K. Understanding Consumer Adoption of Internet Banking: An Interpretive Study in the Australian Banking Context [J]. Journal of Electronic Commerce Research, 2015, 7 (2): 50 – 66.

个人保护战略，包括警惕和承担信息安全的一些责任。杨翾等（2016）①根据理财产品的独特性质和市场表现，剔除维度集中少数不匹配类型，并增加特殊风险维度，最后运用直接询问消费者对风险感知的方法，确定适合针对余额宝产品的六大感知风险类型。其中包括安全风险、隐私风险，得出感知风险与消费者信任成反比，继而影响消费者行为。

随着 P2P 借贷平台快速发展，互联网金融安全性研究中关于信用风险、贷款违约的研究也越来越多。Zhou 等（2004）②研究指出，信用风险作为典型的金融风险与个人投资者的财务决策密切相关。一些个人投资者愿意承担更高的风险以获得更大的回报，而另一些投资者则倾向于通过做出更安全的投资决策以避免损失来避免风险。Sitkin 等（1992）③研究表明，个人的风险偏好可能受到社群因素的影响，如团体成员和团体的文化价值。以往的研究更多地关注个人贷款投资决策中的一般风险偏好而非个人投资者的信用风险偏好，Zhang（2014）④从信息社会影响和从众行为角度研究了互联网金融的信用风险偏好，通过在金融危机期间和非金融危机期间检查投资者在 Prosper.com 上的真实交易数据以及 Prospers.org 社区的会员记录。研究结果表明，非金融危

---

① 杨翾，彭迪云，谢菲. 基于 TAM/TPB 的感知风险认知对用户信任及其行为的影响研究——以支付增值产品余额宝为例 [J]. 管理评论，2016，(6)：229-240.

② Zhou, R., Pham, M. T.. Promotion and Prevention across Mental Accounts: When Financial Products Dictate Consumers' Investment Goals. [J]. Journal of Consumer Research, 2004, 31 (1): 125-135.

③ Sitkin, S. B., and Amy L. P.. Reconceptualizing the Determinants of Risky Behavior [J]. Academy of Management Review, 1992, 17 (1): 9-38.

④ Zhang Z. Credit risk preference in e-finance: An empirical analysis of P2P lending [J]. 2014.

机期间，网络金融社群参与者的信用风险偏好高于非参与者的投资决策；而金融危机期间在线金融社群参与者的信用风险偏好低于非参与者。Riza Emekter 等（2015）[1] 通过对美国在线 P2P 借贷平台 Lending Club 的研究，探讨了 P2P 贷款的特点，评估了其存在的信用风险，并对贷款绩效进行了衡量，发现信用等级、债务收入比、FICO 得分和循环信用额度使用是影响贷款违约率的重要因素，其中，借款人的信用等级是最主要的影响因素，信用等级越高，贷款存在的风险越低。此外，研究还发现，贷款期限影响贷款的违约可能性，贷款期限越长，贷款违约的可能性越大。

大量的文献集中于信贷成功及违约原因的研究，大多数研究表明，信贷可得性很大程度上与借款人的特质有关，例如他们的信用等级、资产状况、社会关系，甚至是外表。然而，关于 P2P 平台进行自主金融创新对信贷可得性的影响的实证研究较少，Jinhong 等（2017）[2] 选取"人人贷"平台在 2012 年 1 月至 12 月的交易数据进行实证研究，通过双重差分法（DID）进行分析，实证结果表明，在自主金融创新政策之前，机构担保和现场认证比信贷认证更有可能获得资金；自主金融创新提高了信贷可得性；对贷款金额要求越高，信贷可得性越低；利息率越高，贷款风险就越高，会导致信贷可得性降低。P2P 平台的自主金融创新提高了信贷可得性，同时也提高了平台的活跃用户数量，降低了投资

---

[1] Emekter R, Tu Y, Jirasakuldech B, et al. Evaluating Credit risk and loan Performance in Online Peer‐to‐Peer (P2P) lending [J]. Applied Economics, 2015, 47 (1): 54–70.

[2] Jinhong Jackson Mi, Hongfei Zhu. Can Funding Platforms' Self‐initiated Financial Innovation Improve Credit Availability? Evidence From China's P2P Market [J]. Applied Economics Letters, 2017, 24 (6): 396–398.

者的搜索成本。

也有一些学者从技术因素的角度研究互联网金融安全性。聂进、雷雪(2006)[1]认为可靠的系统体系结构是建立网上银行安全体系的基础。当前一般采用分层方法进行网上银行应用程序的开发，即逻辑角度应能明确区分 Web 应用层、数据通信层与数据源层，确保各个层面安全策略的独立性；从开发角度要能区分客户端、应用层与数据服务层三大部分，这样有助于细化安全风险，易于在威胁发生时迅速分析原因，及时控制和排除威胁。此外，银行内部要充分发挥科技人才资源优势，调动其主动性，在外包公司的辅助配合下开发信息系统，在一定程度上可减少安全隐患。

在提高应用系统的安全方面，可采用设置多重防火墙、增加过滤路由器、建立加密的通讯网关服务器等方案，有效地实现内外网的隔离与访问控制；完善身份鉴别机制、访问控制机制、角色管理机制、防止重发机制和审计机制等，保证交易安全；采用国际先进的网络安全检测软件，24小时实时安全监控，及时发现并修正系统可能存在的弱点和漏洞，定期对网络系统进行安全性分析；建立详细的安全审计日志，充分使用网络监控设备或实时入侵检测设备，对进出各级局域网的常见操作进行实时检查、监控、报警和阻断，来防止针对网络的攻击与犯罪行为；银行要对可能引起系统中断或故障的各种原因进行评估，事先制订出相应的灾难恢复计划。

在加强客户端的安全防护方面，可使用网络银行专用的用户端输入控件（如 ActiveX）取代传统网页控件，来防止恶意程序捕获普通键盘事件，获取用户敏感信息，同时可通过附加输入随机验证码来预防恶意程序的暴

---

[1] 聂进，雷雪. 网上银行安全及相应对策探讨 [J]. 武汉大学学报（人文科学版），2006，(3)：373-377.

力攻击。此外,各网上银行应采用先进的加密认证技术,为用户提供安全可靠的数字证书,并提供相应的类似智能卡或 USB – Key 等更为安全的数字证书储存介质。当然,若能将基于虹膜认证、指纹认证的生物特征身份认证技术与数字证书结合起来,就可以更好地解决客户端的安全问题。

在网络通信环节中,要有效地防范任何来自系统内部或外部对通信数据的非法截取、篡改和窥视,采用严格的数据加密技术来保障通信的安全性。SET 可维护在任何开放网络上的个人金融资料的安全性,是目前公认的网上交易国际安全标准。我国应积极采用安全性较高的 SET 协议。

综上所述,互联网金融的安全性因素影响客户行为选择,与网上银行的服务质量呈正相关关系。安全性因素是互联网金融品牌技术因素的重要组成部分,在顾客信任、品牌忠诚度等方面有着重大意义。因此,本书认为"安全性因素"可作为衡量互联网金融品牌的指标之一。本书参照了 George(2014)、Yoon(2013)和 Yu Lung Wu 等(2012)对安全性因素的测量。

第二节　互联网金融品牌隐私性研究综述

互联网金融的隐私性,是指网上银行保障其客户个人信息和财产信息的不外露的程度(YuLung Wu,2012)[1],包括在交易过程中和交易

---

[1] YuLung Wu, YuHui Tao, PeiChi Yang. Learning From the Past and Present: Measuring Internet Banking Service Quality [J]. Service Industries Journal, 2012, 32 (3): 477 – 497.

过程后的个人信息及资产信息。针对网上银行服务质量、顾客对互联网金融的消费行为等问题的研究，很多学者将隐私性纳入重要的影响维度。

近年来，国内外学者对网上银行服务质量维度及其重要程度进行探讨，不少学者将隐私性作为衡量网上银行服务质量的重要指标之一。Parasuraman 等（2005）[①] 开发了 E-S-QUAL 量表模型，将隐私作为四个维度之一测量网络服务质量。Serkan Akinci（2009）[②] 等依据 E-S-QUAL 量表开发出具有四个维度的九级项目量表，将隐私性与易用性、美观设计、处理速度一同用于衡量互联网购物网站的感知质量。Nuseir 等（2010）[③] 将客户电子服务质量满意度在商业银行的背景下进行测量，研究表明隐私性是对客户满意度影响最大的一个因素。George（2014）[④] 对印度网上银行服务质量进行研究，将隐私这一维度作为调查客户满意度的影响因素之一。其中，隐私性主要包括两个测量维度：（1）客户个人信息在我的银行网站得到保护；（2）银行不会滥用客户信息。研究发现，隐私是对客户满意度影响最大的一个，并指出如何提高互联网交换信息的信任水平，即可以采用世界级技术标准，如公钥基

---

① Parasuraman A, Zeithaml V A, Malhotra A. E-S-Qual：A Multiple-Item Scale for Assessing Electronic Service Quality [J]. Journal of Service Research, 2005, 7 (3): 213 – 233.

② Serkan Akinci, Eda Atilgan-Inan, Safak Aksoy. Re-assessment of E-S-qual and E-Rec S-qual in a pure service setting [M]. J Bus Re, doi: 10.1016/j.jbusres, 2009.

③ Nuseir MT, Akroush MN, Mahadin BK, Bataineh AQ (2010) The Effect of e-Service Quality on Customer's Satisfaction in Banks Operating in Jordan: an Empirical Investigation of Customers Perspective. Int J Serv Econ Manag 2 (1): 80 – 108.

④ George A, Kumar GSG. Impact of service quality dimensions in internet banking on customer satisfaction [J]. Decision, 2014, 41 (1): 73 – 85.

础设施（PKI），在用户之间建立信任。Lichtenstein（2015）[①] 以澳大利亚银行体系为例，研究消费者对互联网银行的采用意向时，提出隐私问题包括他们的个人信息是否被银行或第三方用于向他们提供新服务。对于少数非用户来说，他们与用户相比具有更大的安全性和隐私性恐惧，隐私一直是消费者不选择使用网上银行的重要原因。银行应该改善他们的安全和隐私措施，保证非用户采用网上银行的意愿。

在对顾客感知价值及客户行为研究中，不少学者发现，隐私性通过信任等因素直接或间接对客户是否采用网上银行及互联网理财产品的行为产生影响。Korgaonkar 和 Wolin（1999）[②] 在研究网络环境下顾客感知价值时，从网站的需求出发提出了七个影响顾客感知价值的因素，即信息、互动自主性、社会化、经济性、社会隐蔽、以交易为基础的安全和隐私，以及以非交易为基础的安全和隐私。

Yang 等（2015）[③] 通过对余额宝的研究，指出隐私风险的测量维度包括：(1) 使用余额宝时可能会泄露客户的个人信息；(2) 客户资金过往经历或支付习惯等可能会被余额宝公司分析和跟踪；(3) 黑客可能会通过不当途径窃取客户的隐私信息并非法使用。

在保障网上用户的隐私性进程中，互联网金融企业必须加强客户资金的保管和使用管理，不允许第三方存管机构私自托管资金。商业银行

[①] Lichtenstein S, Williamson K. Understanding Consumer Adoption of Internet Banking: An Interpretive Study in the Australian Banking Context [J]. Journal of Electronic Commerce Research, 2015, 7 (2): 50 –66.

[②] Morganosky M A, Cude B J. Consumer response, to online grocery shopping [J]. International Journal of Retail and Distribution Management, 2000, 28 (1): 17 –26.

[③] Yang Q., Pang C., Liu L. Yen D. C, Tarn J. M. Exploring Consumer Perceived Risk and Trust for Online Payments: An Empirical Study in China's Younger Generation [J]. Computers in Human Behavior, 2015, 50 (C): 9 –24.

必须密切跟踪每笔资金发放和使用动态，监测风险趋势。另外，有效识别市场参与各方身份，利用高技术手段主动监测可疑交易，严惩互联网金融违法犯罪活动；积极开展信息安全基础技术和关键技术研发工作，加大对信息安全保障基础技术研发的资金投入，对网络平台软硬件进行升级管理，降低网络交易风险。

在互联网金融隐私性的技术改进措施研究方面，国内学者的研究主要集中在网络信息数据维护技术、计算机网络信息保密技术、网络通信中数据传输安全分析、基于大数据的威胁发现技术四个方面。在网络信息数据维护技术方面，张茂月（2015）[①]提出运用技术手段应对科技带来的调整，不仅必要而且有效。在数据安全防护方面，除了使用防火墙和杀毒软件等传统方式外，用大数据技术应对大数据时代的信息安全挑战是一项有益尝试。信息技术手段不仅能够有效应对新型数据安全威胁，更重要的是向我们展示了应对信息安全威胁的新思路。匿名化，也是保护个人信息的有效手段。所谓匿名化，就是将个人的身份信息从数据库中抹去，这些个人身份信息包括姓名、地址、信用卡号码、出生日期以及社保号码等，剩余的数据才是可以被使用和分享的数据。虽然这一措施无法完全杜绝个人信息泄露的风险，但是它有助于维护个人信息数据安全，是现阶段可行的防护措施。

在计算机网络信息保密技术研究方面，赵拓（2017）[②]表明，随着时代的发展，对于数据的保密技术，防止数据被盗，会使用一定的保密技术，利用物理或化学的方式进行保护，防止数据泄露。通常采用的是

---

① 张茂月.大数据时代个人信息数据安全的新威胁及其保护[J].中国科技论坛，2015，(7)：117-122.

② 赵拓.计算机网络中数据的保密与安全[J].电子技术与软件工程，2017，(1)：213.

密钥管理技术和数字签名技术。密钥管理技术是将口令作为一个安全的基础,为了保障计算机中的数据安全,特别利用密码的设置,可以设置复杂的密码,并且定期更换密码,才能够保障密码不被他人轻易破解。此外,在试用数据库时,可以利用数据库中的不同分类实施不同的密码保护,让不同类型的模块能够保持独立,只有将所有的密码输对才能够获取数据。数字签名技术只需要在相关文件上连接自己的数字签名,没有自己的签名无法打开相关信息。

在网络通信中数据传输安全研究方面,聂进等(2006)[①]提出,在数据传输过程中,为了保障信息的安全、准确和完整性,有两种流行的传输协议:SSL 和 SET。SSL(Security Sockets Layer)即安全套接层协议,可以保证信息传输的机密和完整性,但不能保证信息的不可抵赖性,而且多方认证也十分困难;SET(Secure Electronic Transaction)即安全电子交易协议,设计比较严格,安全性高,它能保证信息传输的机密、真实、完整和交易的不可否认性,但本身比较复杂,不易于实施。现在我国在支付安全系统方面,仅中国银行在个人支付方面采用 SET 协议进行安全控制,其他银行如招商银行采用 SSL 技术双重安全机制,建设银行采用给用户发放认证卡的方式。中国银行在对企业认证方面也采用简易的 SSL 协议等。鉴于 SSL 的缺陷,多数银行采用 SSL 协议加数字签名的方式来保证信息的不可抵赖性,在一定程度上确保数据的安全传输。

在基于大数据发现威胁的技术研究方面,冯登国等(2014)[②]提

---

① 聂进,雷雪. 网上银行安全及相应对策探讨[J]. 武汉大学学报(人文科学版),2006,(3):373-377.

② 冯登国,张敏,李昊. 大数据安全与隐私保护[J]. 计算机学报,2014,(1):246-258.

出，通过收集各个国家各种类型的数据，利用安全威胁数据和安全分析形成系统方法发现潜在危险，在攻击发生之前就可识别威胁。与传统技术方案相比，基于大数据的威胁发现技术具有以下优点：

（1）分析内容的范围更大。传统的威胁分析主要针对的内容为各类安全事件，而一个企业的信息资产则包括数据资产、软件资产、实物资产、人员资产、服务资产等，通过在威胁检测方面引入大数据分析技术，可以更全面地发现针对这些信息资产的攻击。

（2）分析内容的时间跨度更长。现有的许多威胁分析技术都是内存关联性的，也就是说，实时收集数据，采用分析技术发现攻击。分析窗口通常受限于内存大小，无法应对持续性和潜伏性攻击。而引入大数据分析技术后，威胁分析窗口可以横跨若干年的数据，因此威胁发现能力更强，可以有效应对 APT 类攻击。

（3）攻击威胁的预测性。传统的安全防护技术或工具大多是在攻击发生后对攻击行为进行分析和归类，并做出响应。而基于大数据的威胁分析，可进行超前的预判。它能够寻找潜在的安全威胁，对未发生的攻击行为进行预防。

（4）对未知威胁的检测。传统的威胁分析通常是由经验丰富的专业人员根据企业需求和实际情况展开的，然而这种威胁分析的结果很大程度上依赖于个人经验。同时，分析所发现的威胁也是已知的，而大数据分析的特点是侧重于普通的关联分析，而不侧重因果分析，因此，通过采用恰当的分析模型，可发现未知威胁。

综上所述，隐私性，是指在互联网金融产品或服务的交易过程中和交易过程后，个人信息及资产信息的泄露程度。网络银行的隐私性因素显著影响客户行为选择。隐私性因素是互联网金融品牌技术因素的重要组成部分，网上银行必须致力于保障用户个人信息、资金信息不外露，塑造可靠的网上银行品牌形象。因此，本书认为隐私因素可作为衡量互联网金融品牌的指标之一。本书将借鉴 Yang（2015）等人的观点对隐私性测定进行研究。

第三节　互联网金融品牌有用性研究综述

互联网金融的有用性，是指使用者主观地认为使用此信息系统会帮助解决财务问题，提高财富收益，感知有用性是影响信息系统使用态度的重要因素，是信息系统技术接受模型（TAM）及其拓展模型中的重要变量。网上银行作为一种基于互联网技术的服务渠道，实际上也是一种信息系统。因此，对感知有用性展开研究非常有必要。

信息系统运用最广泛的是技术接受模型（Technology Acceptance Model，TAM），因为网上银行与顾客联系密切，所以理性行为理论和计划行为理论经常被运用在网上银行的研究中。TAM 技术接受模型最初由 Davis、Bagozzi 和 Warshaw（1989）[1] 提出，试图用两个主要因素来解释技术使用和接受行为，有用性为其中之一。

TAM 模型是在社会心理学的"理性行为理论"的基础上发展起来的，用于解释和预测人们对计算机的接受度的理论。该理论认为感知有用性能有效地影响消费者对信息系统的行为态度，而消费者的行为态度

---

[1] Davis, F. D., Bagozzi, R. P. & Warshaw, P. R. User acceptance of computer technology: A comparison of two theoretical models. Management Science, 1989: 982 – 1003.

决定了行为意愿，进而行为意愿又决定消费者的技术采纳行为。感知有用性不仅可以通过影响行为态度间接影响行为意愿，在某些特定情况下，感知有用性可直接作用于行为意愿。当消费者感知到新技术越容易使用时，会增强消费者对新技术的感知有用程度。此外，研究还发现，外部因素也可以通过影响感知有用性这个因素间接影响个人对信息系统的行为意愿（如图 3-1 所示）。

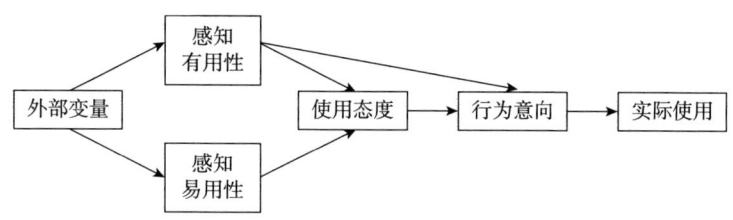

图 3-1 技术接受模型基本框架

该技术接受模型框架表明：使用者对于某一信息系统的使用是由他对这个信息系统的行为意图决定的，而他的行为意图又是由他对信息系统的态度决定的。通过技术接受模型可以看出，感知有用性在模型中扮演重要角色，对于信息系统的使用具有重要意义（焦勇兵，2007）[①]。从大量的研究文献可以看出，TAM 模型诞生后很快被扩展到个人计算机（Igbaria、Iivari 和 Maragahh，1995）、万维网（Chau 和 Hu，2001）、远程医疗技术（Wang、Wang、Lin 和 Tang，2003）、互联网银行（Cheng、Lam 和 Yeung，2006；Lee，2009；Liao 和 Cheung，2008）和电子商务（Devaraj、Fan 和 Kohli，2002；Gefen 和 Straub，2000；Pavlou，2003）等多领域。

---

① 焦勇兵. 顾客使用网上银行的前置因素研究——基于科技接受模型的观点[J]. 山西财经大学学报，2007，29（6）：94-100.

TAM 模型在揭示个人对各种类型的企业信息系统的技术接受度方面是有效的。但是，TAM 模型没有体现特定技术影响以及使用环境因素，而这些因素也可能影响用户对信息系统的技术接受度（Moon J W，Kim YG，2001）[1]。因此，感知有用性不能完全解释使用互联网金融理财产品的行为意向，需要探讨额外的因子，以便更好地解释互联网金融理财产品的接受度。后来，许多学者提出了对技术接受模型扩展的建议（Venkatesh 和 Speier，1999；Lu 等，2003），尤其是 Venkatesh 和 Davis（2000）[2] 通过引进所谓第二代的科技接受模型（TAM_2），对原有模型进行扩展，该模型解释了主观规范和认知辅助过程是如何影响感知有用性和行为意图的。技术接受模型已经通过在不同情景下不同样本的广泛测试，并被证明在解释信息系统的使用方面具有效度和信度。

长期以来顾客对信息系统的使用态度影响因素的研究受到学者关注，研究发现，感知有用性对信息系统的使用态度有积极影响。Sathye（1999）[3] 研究了澳大利亚顾客接受网上银行的影响因素，他发现对网上银行业务及其有用性缺乏了解是阻碍顾客接受网上银行的主要原因，对网上银行有用性的了解是影响顾客接受网上银行的一个原因。Pikkarainen 等学者（2004）[4]在芬兰网上银行用户的研究中发现，感知

---

[1] Moon J W, Kim YG. Extending the TAM for a World-Wide-Web C [J]. Information& Management, 2001, 38 (4): 217 - 230.

[2] Venkatesh, V. and Davis, F. D., Theoretical Extension of the Technology Acceptance Model: Four Longitudinal Field Studies [J]. Management Science, 2000, 46 (2): 186 - 204.

[3] Sathye, Milind, Adoption of Internet Banking by Australian Consumers: An Empirical Investigation, International Journal of Bank, 1999.

[4] Pikkarainen T, Pikkarainen K, Karjaluoto H, Pahnila S. Consumer Acceptance of Online Banking: An Extension of the Technology Acceptance Model. Internet Research, 2004, Vol. 14 No. 3, p: 224 - 235.

有用性是影响网上银行接受度的主要因素之一。Akinci（2010）① 的研究中同样将有用性作为影响网上银行服务质量的关键维度之一。

对于感知有用性的测量指标，不同学者提出的因素有共同点，也有差异。Davis（1989）② 对感知有用性和用户信息技术接受度进行研究，较早提出感知有用性的分析因素包括：（1）工作质量；（2）工作控制；（3）工作更迅速；（4）对我的工作至关重要；（5）提高生产率；（6）工作绩效；（7）完成更多工作；（8）有效性；（9）使工作更容易；（10）有用。Im I 等（2008）③研究感知有用性的影响因素时，通过以下几个指标测量：（1）这项技术将提升我在工作中的效用；（2）它使我能工作更容易；（3）它将提高我的生产率；（4）它将改善我在工作中的表现；（5）它在我工作中是有用的。

国内学者对感知有用性也进行了大量研究。李淑彪等（2012）④ 将信任因素纳入研究中，验证了信任有助于增强感知有用性，并对网上银行的使用意愿有正向影响。Yang 等（2015）⑤ 同样在信任这一因素的基础上，通过实证研究发现，前期感知风险的降低会快速建立消费者对

---

① Akinci S, Atilgan—Inan E. and Aksoy S, "Re‐assessment of ES‐Qual and E‐RecS‐Qual in a Pure Service Setting," Journal of Business Research, vol. 63, no. 3, 2010, pp. 232‐240.

② Davis F D. Perceived usefulness, perceived ease of use, and user acceptance of information technology [J]. Mis Quarterly, 1989, 13 (3): 319‐340.

③ Im I, Kim Y, Han H J. The effects of perceived risk and technology type on users' acceptance of technologies [J]. Information & Management, 2008, 45 (1): 1‐9.

④ 李淑彪, 龙其龙, 郭涛. 网上银行使用意愿的影响因素研究 [J]. 统计与信息论坛, 2012, 27 (12): 82‐87.

⑤ Yang Q., Pang C., Liu L. Yen D. C, Tarn J. M Exploring Consumer Perceived Risk and Trust for Online Payments: An Empirical Study in China's Younger Generation [J]. Computers in Human Behavior, 2015, 50 (C): 9‐24.

于网上支付的信任感,感知有用性则能通过感知风险的中介作用间接影响信任。邱均平等(2015)① 在互联网金融理财产品使用影响因素研究中,验证了感知有用对用户使用互联网金融理财产品行为意向正相关。罗长利、朱小栋等(2015)② 将互联网金融产品研究深入到具体产品。以余额宝为例,验证了感知有用性是影响用户使用余额宝意愿的因素的正相关因素。董大海等(2013)③ 对焦虑和感知有用性对自助服务技术使用忠诚的影响机理研究中,将感知有用性的测量深入网上银行的使用,通过以下七个指标测量:(1)使用网上银行提高了我处理相关财务问题的效率;(2)网上银行使我觉得自己能控制想做的事情,而不是等银行的人来做;(3)使用网上银行使我能完全监控我自己的账户;(4)使用网上银行使我可以在任何时间转账或用我的钱,而不用去银行;(5)使用网上银行之后,我觉得处理自己的个人财务更自由了;(6)使用网上银行之后我很少去实体银行了;(7)用网上银行之后,我做了一些原来在传统银行没有的业务。杨青等(2011)④ 对消费者网络信任与网上支付风险感知进行研究,并通过以下四个指标进行测量:(1)网上支付相对于其他方式更有用及方便;(2)网上支付相对于其他方式更容易实现;(3)使用网上支付可以提高购物流程的效率;(4)

---

① 邱均平,杨强,郭丽琳. 互联网金融理财产品使用影响因素研究 [J]. 情报杂志,2015(1):179-184.

② 罗长利,朱小栋,LuoChangli,等. 基于 TAM/TPB 和感知风险的余额宝使用意愿影响因素实证研究 [J]. 现代情报,2015,35(2):143-149.

③ 董大海,王新浩,马秀芳. 焦虑和感知有用性对自助服务技术使用忠诚的影响机理研究 [J]. 现代管理科学,2013(1):16-19.

④ 杨青,钱新华,庞川. 消费者网络信任与网上支付风险感知实证研究 [J]. 统计研究,2011,28(10):89-97.

网上支付节省时间、快速完成资金交易。杨翾等（2016）①验证了感知有用有效地降低功能性和情感性风险，对消费者信任产生正向影响。其对感知有用性的测量主要通过以下三个指标：（1）使用金融产品对于处理零散资金有用；（2）可以获得比银行储蓄更高的收益；（3）更加方便进行转账、支付购物等行为。

综上所述，感知有用性相关的理性行为理论、计划行为理论、技术接受模型等研究表明，感知有用性因素显著影响消费者对信息系统的行为态度，最终决定消费者的科技采纳行为，对消费者网上银行的使用具有积极影响。可见，有用性因素是互联网金融品牌技术因素的重要组成部分，本书认为有用性因素可作为衡量互联网金融品牌的指标之一。

第四节 互联网金融品牌易用性研究综述

互联网金融的易用性，是指用户认为通过互联网平台享受金融产品或服务的容易程度，并影响潜在顾客对信息系统的使用态度。在技术接受模型中，感知易用性是指个人对使用某个特殊的系统而省力的相信程度，即用户认为系统容易使用的程度。针对互联网金融等问题的研究，很多学者将有用性与易用性合并为同一影响维度，也有少数学者将易用性作为单独指标，本节对易用性与有用性重叠的内容不再赘述，重点研究易用性这一维度。

---

① 杨翾，彭迪云，谢菲. 基于 TAM/TPB 的感知风险认知对用户信任及其行为的影响研究——以支付增值产品余额宝为例 [J]. 管理评论，2016，28（6）：229-240.

在感知易用性理论方法中，TAM 作为采纳后持续使用行为的研究模型得到了广泛应用。很多学者纷纷对 TAM 进行扩展、修订或增加一些影响因素，以构建采纳后的个体持续使用行为模型。Klopping 和 Kiuney（2004）[1]将任务—技术匹配性引入 TAM 理论中用来研究消费者网络购物采纳行为，研究发现感知易用性是网络银行采纳意图的主要决定因素，而感知可靠性同采纳意图没有直接的关系，计算机自我效能对感知易用性和采纳意图之间的关系具有调节作用。

近年来，顾客对信息系统的使用态度影响因素的研究得到了国内外学者的关注，不少学者发现感知易用性使顾客对信息系统的使用态度有积极影响。Mattila、Karjaluoto 和 Pento（2003）对芬兰顾客的研究发现，对电脑感知使用困难是顾客不接受网上银行的主要原因，说明了感知易用性的重要性。Kolodinsky（2004）[2]对顾客不接受网上银行的因素进行了研究，发现技术的复杂性是阻碍顾客使用网上银行的主要因素之一，也就是说，如果感知易用性低，将阻碍顾客对网上银行的使用，这一点与 Mattila、Karjaluoto 和 Pento 在 2003 年的研究发现类似。国内学者邓朝华、鲁耀斌（2007）[3]在 TAM 理论的基础上，结合感知可靠、服务成本及感知使用能力三个变量来研究消费者移动银行服务采纳的影响因素，验证了感知易用性对感知有用性及可靠性都会产生作用。

---

[1] Klopping. I. M. and Kiuney, E. M. Extending the technology acceptance model and the task – technology fit model to consumer E – Commerce [J]. Information Technology Learning and Performance Journal, 2004, 22 (1): 35 – 45.

[2] Kolodinsky, J. M, J. M. Hogarth, et al., The adoption of electronic banking technologies by US consumers. The International Journal of Bank Marketing, 2004, Vol. 22 No. 4 /5, p. 238.

[3] 邓朝华, 鲁耀斌. 移动银行服务采纳模型的实证分析比较 [J]. 工业工程与管理, 2007, 12 (6): 59 – 65.

Shen 和 Chiou（2010）① 认为，感知易用性依据对交易长短期预期的不同和安全意识的差异，会影响消费者使用互联网的意图。李淑彪和龙其龙等（2012）② 验证了，感知易用性对网上银行的使用意愿有正向影响，感知易用性对网上银行的感知有用性有正向影响。该研究结论与邓朝华、鲁耀斌 2007 年移动银行服务采纳模型的实证分析比较中的结论相关。郭红丽、王晶（2013）③ 基于 TAM 模型的 B2C 客户体验模型研究中，提出影响 B2C 模式下消费者购物意愿的主要影响因素及研究模型，包括感知易用性等因素。邱均平等（2015）④ 在互联网金融理财产品使用影响因素研究中，验证了感知易用对用户使用互联网金融理财产品感知有用和行为意向正相关。

对于感知易用性的测量指标，不同学者提出的因素有共同点和差异点。Davis（1989）⑤ 对感知有用性、感知易用性和用户信息技术接受度的研究中，较早提出感知易用性的分析因素，包括：（1）易学；（2）令人沮丧的；（3）可控；（4）刚性和不灵活；（5）容易记住；（6）心理努

---

① Shen Chung – Chi, Chiou Jyh – Shen. The impact of perceived ease of use on Internet service adoption: The moderating effects of temporal distance and perceived risk [J]. Computers in Human Behavior, 2010, (26): 42 – 50.

② 李淑彪，龙其龙，郭涛. 网上银行使用意愿的影响因素研究 [J]. 统计与信息论坛, 2012, 27 (12): 82 – 87.

③ 郭红丽，王晶. 基于 TAM 模型的 B2C 客户体验模型研究 [J]. 科技管理研究, 2013, 33 (19): 184 – 188.

④ 邱均平，杨强，郭丽琳. 互联网金融理财产品使用影响因素研究 [J]. 情报杂志, 2015 (1): 179 – 184.

⑤ Davis F D. Perceived Usefulness, Perceived Ease of use, and User Acceptance of Information Technology [J]. Mis Quarterly, 1989, 13 (3): 319 – 340.

力；(7) 可理解；(8) 努力才能熟练；(9) 使用方便。Im I (2008)①研究感知易用性的影响因素时，相对 Davis 提出的指标进一步具体化。通过以下几个指标测量：(1) 学习操作它对我来说是容易的；(2) 我与它的交流是清晰可理解的；(3) 娴熟地使用它对我来说是容易的；(4) 发现让它做我想做的事是容易的；(5) 与它互动不用花费我很多心思。

国内学者对感知易用性的测量指标进行了研究。杨青等（2011）对消费者网络信任与网上支付风险感知进行了研究，通过对网上支付环节的提炼，从五个指标对感知易用性进行测量：(1) 感觉网上支付的操作过程容易熟练掌握；(2) 使用网上支付不会花费太多的时间和精力；(3) 感觉网上支付的指引清晰明确，容易理解；(4) 感觉网上支付是容易学习与掌握的；(5) 使用网上支付很简单，很方便。杨翾等（2016）② 基于 TAM/TPB 的感知风险认知对用户信任及其行为的影响展开的研究中，以三个指标对感知易用性进行了测量：(1) 余额宝的使用步骤和操作规则清楚且容易理解；(2) 对我而言，学习使用余额宝是困难的；(3) 总的来说，利用余额宝进行业务操作很方便。

综上所述，易用性是互联网金融品牌技术因素的重要组成部分，在降低情感性、功能性风险方面有着重大意义，对消费者信任、消费者行为等因素具有重要影响。因此，本书认为"易用性因素"可作为衡量互联网金融品牌的指标之一。对感知易用性的测量，本书将参照杨翾（2016）的研究成果。

---

① Im I, Kim Y, Han H J. The effects of Perceived risk and Technology Type on users' Acceptance of Technologies [J]. Information & Management, 2008, 45 (1): 1–9.

② 杨翾, 彭迪云, 谢菲. 基于 TAM/TPB 的感知风险认知对用户信任及其行为的影响研究——以支付增值产品余额宝为例 [J]. 管理评论, 2016, 28 (6): 229–240.

第五节　互联网金融品牌透明性研究综述

业界关于互联网金融透明性没有明确界定。国内学者许婷（2013）[①]在P2P网络贷款平台潜在风险分析及对策研究中提出，透明性是为了对互联网金融进行风险监控，互联网金融平台的运营资金与所服务的投资人、借款人的资金分离，出资人的出资金额与实际走向需要透明、可追溯。

国内很多学者对互联网金融信用风险、互联网金融监控等课题进行研究时，提出应该加强互联网金融的透明性。徐勇、刘金弟（2010）[②]针对第三方支付信用风险分析及监管提出，在第三方支付模式中，针对沉淀资金的处理，可以综合利用银行托管和保险担保相结合的方式对沉淀资金进行管理；而对于交易双方引发的信用风险，可以引入物流部门，以改进第三方支付流程，增强交易的透明性和安全性。刘志洋（2016）[③]指出，宏观层面的互联网金融监管提出，在构建互联网金融宏观综合的监管框架的同时，还需要在监管方式上进行创新，并提出纯中介平台性质的互联网金融企业监管，严格披露制度。监管当局对互联网金融企业实施更为严格的披露制度，加强透明性，注重市场纪律。在

[①] 许婷. P2P网络贷款平台潜在风险分析及对策 [J]. 金融科技时代, 2013 (6): 58 - 60.

[②] 徐勇, 刘金弟. 第三方支付信用风险分析及监管机制研究 [J]. 科技管理研究, 2010, 30 (10): 167 - 169.

[③] 刘志洋. 互联网金融监管"宏观—微观"协同框架研究 [J]. 金融经济学研究, 2016 (2): 106 - 116.

信息透明性方面，互联网金融企业应公开金融服务的数据，及时公布消费者账户余额，公布潜在风险（包括违约率、市场波动率等指标），并应规定消费者信息只用于互联网金融产品。沈良辉、陈莹（2014）[①] 提出，目前 P2P 网贷信用数据共享存在很大的难度。其一，P2P 网贷公司尚不能与征信系统对接。虽然 P2P 网贷公司对金融征信系统具有广泛需求，但由于受到各种因素和条件的制约，网贷平台还不能直接共享金融征信信息资源，导致借方、贷方和网贷平台三方之间的信息缺乏透明性。许婷（2013）[②] 在 P2P 网络贷款平台潜在风险分析及对策研究中提出，信息相对透明的线上贷款可以通过规范的方式吸收民间闲散资金，对规范民间融资行为有一定的促进作用，并提出要建立规范的平台运营制度，平台的运营资金与所服务的投资人、借款人的资金必须完全分离，出资人的出资金额与实际走向需要做到透明、可追溯。学者们对于该指标的内容大多针对互联网金融的风险监控等领域，并没有严格地提及具体的测量指标项，所以该综述不进行具体描述。

综上所述，影响互联网的技术因素可以概括归结为四大因素，即安全性因素、隐私性因素、有用性因素、易用性因素。

安全性，是指消费者对互联网金融机构的感知安全，涉及资金、数据以及交易等方面的安全。安全性因素可以从以下四个维度测量：（1）通过互联网进行交易是安全的；（2）互联网金融平台保护用户的交易信息；（3）互联网金融交易在技术上有安全保障；（4）互联网金融有明确的交易安全政策。

---

① 沈良辉，陈莹. 美国 P2P 网贷信用风险管理经验及对我国的启示 [J]. 征信，2014，32（6）：61-65.

② 许婷. P2P 网络贷款平台潜在风险分析及对策 [J]. 金融科技时代，2013（6）：58-60.

隐私性，是指网上银行保障其客户个人信息和财产信息的不外露的程度，包括在交易过程中和交易过程后的个人信息及资产信息。隐私性因素可以从以下四个维度测量：（1）互联网金融机构保障客户个人信息不泄露；（2）互联网金融机构不滥用客户财产信息；（3）客户的资金过往经历或支付习惯不会被互联网金融机构跟踪；（4）黑客无法窃取客户的隐私信息并非法使用。

有用性，是指使用者主观地认为使用此信息系统会帮助解决其财务问题，提高财富收益，感知有用性是影响信息系统使用态度的重要因素。有用性因素可以从以下四个维度测量：（1）使用金融产品或服务有用，可带来可观收益；（2）与传统金融机构相比，互联网金融提供的业务类型更多；（3）更加方便进行转账、支付购物等行为；（4）互联网金融可以提高处理个人财务问题的效率。

易用性，是指用户认为通过互联网平台享受金融产品或服务的容易程度，并影响潜在顾客对信息系统的使用态度。易用性因素可以从以下四个维度测量：（1）使用步骤和操作规则清楚且容易理解；（2）用户体验良好；（3）信息布局合理；（4）界面简洁友好。透明性是为了对互联网金融进行风险监控，互联网金融平台的运营资金与所服务的投资人、借款人的资金分离，出资人的出资金额与实际走向需要透明、可追溯。由此可将互联网金融技术指标体系概括如表 3-1 所示。

安全性因素、隐私性因素是互联网金融品牌技术因素的重要组成部分，在顾客信任、品牌忠诚度等方面有着重大意义。感知有用性因素显著地影响消费者对信息系统的行为态度，最终决定消费者的科技采纳行为，对消费者网上银行的使用具有积极影响。易用性因素是互联网金融品牌技术因素的重要组成部分，在降低情感性、功能性风险方面有着重大意义，对消费者信任、消费者行为等因素具有重要影响。透明性也是互联网金融品牌技术因素的重要组成部分，对建立规范的平台运营制度、信用风险分析及监管具有积极作用。

表 3-1 互联网金融品牌技术因素指标体系

技术因素指标	安全性	通过互联网进行交易是安全的	Yu Lung Wu 等（2012）
		互联网金融平台保护用户的交易信息	张圣亮、王爱霞（2011）
		互联网金融交易在技术上有安全保障	乔均；George（2014）；Loureiro（2013）
		互联网金融有明确的交易安全政策	Yu Lung Wu 等（2012）
	隐私性	互联网金融机构保障客户个人信息不泄露	George（2014）；Riza Emekter 等（2015）；Hong（2015）
		互联网金融机构不滥用客户财产信息	George（2014）；Nuseir 等（2010）
		客户的资金过往经历或支付习惯不会被互联网金融机构跟踪	Yang 等（2015）；Yoon（2013）
		黑客无法窃取客户的隐私信息并非法使用	Yang 等（2015）；Jayawardhena（2000）
	有用性	使用金融产品或服务有用，可带来可观收益	杨翱（2016）；Akinci（2010）
		与传统金融机构相比，互联网金融提供的业务类型更多	董大海等（2013）；Im I 等（2008）
		更加方便进行转账、支付购物等行为	杨翱（2016）；杨青等（2011）
		互联网金融可以提高处理个人财务问题的效率	董大海等（2013）；杨青等（2011）
	易用性	使用步骤和操作规则清楚且容易理解	Im I（2008）；Pento（2003）
		用户体验良好	杨翱（2016）；Shen 和 Chiou（2010）
		信息布局合理	Im I（2008）；李淑彪，龙其龙（2012）
		界面简洁友好	杨翱（2016）郭红丽、王晶（2013）；邱均平（2015）
	透明性	及时公布消费者账户余额；公开金融服务的数据；出资人的出资金额与实际走向需要透明、可追溯	刘志洋（2016）；许婷（2013）；沈良辉、陈莹（2014）

第四章

互联网金融品牌商业因素研究综述

    测定互联网金融企业的品牌强度和运营效率，必须考察互联网金融企业商业盈利性指标。互联网金融企业商业性指标，是指一系列能够评价其盈利能力、规模效应、成长能力、成本控制能力、营运能力等客观状态的指标。本章梳理互联网金融企业和传统金融商业性指标的文献，挑选出使用频率较高、较具代表性的指标来构建本书互联网金融品牌的商业指标体系。

第一节 互联网金融品牌盈利能力研究综述

盈利能力指标一般指企业获取利润的能力,也称为企业的资金或资本增值能力,通常表现为一定时期内企业收益数额的多少及其水平的高低。互联网金融门户的盈利能力各有不同。理财类门户的盈利模式主要以广告费和推荐费为主;联网金融门户的盈利模式依然是通过广告联盟的方式来赚取利润。信贷类门户的盈利模式主要以推荐费以及佣金为主,广告费、咨询费以及培训费等收入的占比相对较低。保险类门户的盈利模式同样是通过广告联盟的方式收取广告费用,以及向保险机构或保险代理人提供客户信息和投保意向从中收取佣金。

对于企业盈利能力的研究最早始于 20 世纪初。大多数研究集中在上市公司财务绩效方面。从标准成本制度出发,多数学者认为,在这一时期企业主要依赖于提高生产率,降低成本,从而追求利润最大化。Venkatraman(1989)[1]认为,企业盈利能力是一个包含三种绩效模式的多维度结构,即财务绩效、商业绩效和组织效能。Kelvin Cross(1994)[2]指出,企业的总体战略既要考虑财务因素,也要考虑非财务信息,由此来构建盈利能力评价体系。在该评价体系中公司总体战略最为重要,公司通过具体战略的多级向下传递,直至形成最基层的组织体

---

[1] Venkatraman, N. The concept of Fit in Strategy Research: Toward Verbal and Statistical Correspondence [J]. The Academy of Management Review, 1989, 14 (3): 423 – 444.

[2] Cross K F, Feather J, Lynch R L. Corporate Renaissance: the Art of Reengineering [J]. Blackwell, 1994.

系。国内关于企业盈利能力的研究较晚,这和上市公司本身的报表完善时间有关。杨成、刑宗辉、郭新有(2005)①采用因子分析模型,从销售净利率、营业毛利率等财务指标中提取了钢铁上市企业的盈利能力,据此对企业综合业绩进行了评价。钟镇国、莫中杰(2010)②以中国房地产上市公司为研究对象。通过因子分析法分析了房地产上市公司2009年的财务及非财务数据,研究发现,因子分析法对于房地产企业的盈利能力分析具有相当的可取性,能较真实地反映中国房地产企业的盈利能力水平。

常见的盈利能力指标主要指营业收入、净利润、净资产收益率等,它是衡量品牌价值创造的重要经济性指标。上升到品牌盈利能力指标的层面,即是品牌的所有正向联想组成的品牌形象等对企业品牌价值或品牌资产的增值能力(周朋程,2010)③,对于互联网金融平台而言,良好的品牌形象是企业实现利润、获取和价值最大化的必备基础(乔均,2016)④。郭海凤(2015)⑤认为,互联网金融平台的盈利能力是影响网贷平台综合实力的重要因素,网贷平台实行混业经营能够通过提升网贷平台的盈利水平达到范围经济,他用成交金额、营收额来描述网贷平台的盈利能力。综合来看,互联网金融品牌的盈利能力反映出互联网金

---

① 杨成,邢宗辉,郭新有. 钢铁业上市公司的业绩评价 [J]. 统计与决策,2005 (10x):156 – 157.

② 钟镇国,莫中杰. 基于因子分析的中国房地产上市公司绩效评价 [J]. 经济研究导刊,2010 (36):74 – 75.

③ 周朋程. 商业银行品牌形象问题与策略研究 [J]. 江苏商论,2010 (8):158 – 160.

④ 乔均. 互联网金融企业品牌形象度量研究 [J]. 南京社会科学,2016 (10):23 – 28.

⑤ 郭海凤,陈霄. P2P网贷平台综合竞争力评价研究 [J]. 金融论坛,2015 (2):12 – 23.

融平台的综合实力，进而间接体现出互联网金融平台的品牌影响力，它也可以通过影响顾客满意度、忠诚度来间接影响品牌价值。

关于盈利能力的测量维度，首先参考传统金融视角下学者们对金融机构盈利能力研究所使用的评价指标。迟国泰等（2009）[①] 基于主成分分析法对国有商业银行竞争力进行了评价，找出了影响国有商业银行竞争力的盈利能力、发展能力、创新成果等主要因素，其中，关于国有商业银行盈利能力的评价采用的细分指标包括资本成本率、利润增长率、人均利润额、收入利润率、成本收入比率、非利息支出率、杠杆乘数、营业收入以及税前利润等。姜明生等（2009）[②] 遴选了 16 个指标，探析了影响银行竞争力的深层因素向表层发散形成核心竞争力动力源的机理，其中，关于商业银行盈利能力的评价指标包括资产利润率、资本利润率、资产费用率以及收入结构比例等。曹永栋等（2012）[③] 从城市商业银行视角出发，对商业银行的核心竞争力做了评价，其设定的商业银行竞争力指标体系中盈利能力包括资产收益率、资本回报率、收入利润率和资产使用率四个子指标。宋绍富（2011）[④] 在评价我国财产保险公司品牌竞争力的时候使用了盈利能力指标，并以净利润、资产利润率、净资产收益率和人均净利润四个细分指标来衡量企业的盈利能力。王曼

---

① 迟国泰，郑杏果，杨中原. 基于主成分分析的国有商业银行竞争力评价研究 [J]. 管理学报，2009，6（2）：228-233.

② 姜明生，李芳，陈德棉. 股份制银行和国有商业银行核心竞争力比较 [J]. 现代管理科学，2009（12）：20-22.

③ 曹永栋，陆跃祥. 城市商业银行竞争力指标体系及其对策设计 [J]. 改革，2012（1）：66-74.

④ 宋绍富. 我国财产保险公司品牌竞争力影响因素研究 [J]. 统计与决策，2011（24）：146-149.

舒等（2013）①对传统商业银行的盈利能力做了评价研究，选取了包括总资产收益率、净资产收益率、净息差、非利息收入占比、手续费及佣金收入占比、成本收入比率、总资产取对数和宏观经济增长率在内的八个指标对商业银行的盈利能力做了测量，并在此基础上研究了商业银行收入结构对盈利能力的影响。

上述学者关于传统金融领域盈利能力指标的评价研究对于本书具有重要的参考价值，互联网金融领域关于盈利能力的评价研究成果同样较多。郭海凤等（2015）②认为，网贷平台的盈利能力是网贷平台综合实力的重要因素之一，网贷平台实行混业经营能够通过提升网贷平台的盈利水平达到范围经济，他用成交额、营收额来描述网贷平台的盈利能力。王锦虹（2015）③基于测度指标体系的构建与分析研究了互联网金融对商业银行盈利影响因素，其中，在评价商业银行的盈利能力时按照业务类型从资产类、负债类和中间类三类业务展开。资产类指标包括个人消费贷款、个人经营性贷款和小微企业经营性贷款；负债类指标包括活期存款、定期存款和个人理财资金；中间业务类指标包括通道业务收入、手续费收入和佣金收入。苗文龙等（2016）④对盈利能力指标进行了拓展，提出了互联网金融平台利率与互联网金融品牌值之间存在着相关关系，品牌是影响商品定价的一个重要指标，而利率则是金融资产定

---

① 王曼舒，刘晓芳. 商业银行收入结构对盈利能力的影响研究——基于中国14家上市银行面板数据的分析 [J]. 南开管理评论，2013，16（2）：143-149.
② 郭海凤，陈霄. P2P网贷平台综合竞争力评价研究 [J]. 金融论坛，2015（2）：12-23.
③ 王锦虹. 互联网金融对商业银行盈利影响测度研究——基于测度指标体系的构建与分析 [J]. 财经理论与实践，2015（1）：7-12.
④ 苗文龙，严复雷. 品牌、信息披露与互联网金融利率——来自P2P平台的证据 [J]. 金融经济学研究，2016（6）：3-14.

价的关键指标，对于金融机构而言，品牌将影响金融产品的价格和利率，品牌与金融产品契约存在着违约风险，金融品牌价值高的机构，机构声誉较好，违约的风险较低，借入资金利率亦较低。杨卫平等（2016）[1]对互联网金融背景下中国寿险公司经营绩效评价做了较为深入的研究，以2013年保费收入行业前十的寿险公司作为研究样本，对它们的经营能力进行了比较分析，建立了经营绩效评价体系，以净资产收益率、营业利润率、承保利润率和投资贡献率四个指标综合评价寿险公司的盈利能力。

综上所述，学者关于互联网金融及传统金融盈利能力细分评价指标的研究成果，形成了本书对互联网金融品牌商业性指标中盈利能力评价子指标体系的理论基础，考虑到互联网金融的广泛性和特殊性，本书选取净资产收益率作为衡量盈利能力的指标。

第二节　互联网金融品牌规模要素研究综述

规模指标衡量的是企业在有形资产和无形资产方面的规模效应，一般有总资产、员工总数、商誉等细分指标。与盈利能力指标类似，规模指标也能够反映互联网金融平台的综合实力，但偏向于反映一种规模效应（李敏芳等，2015）[2]。上升到互联网金融品牌的视角，规模指标的

---

[1]　杨卫平，周咪，成萌. 互联网金融背景下中国寿险公司经营绩效评价研究[J]. 财经理论与实践，2016，37（4）：31-36.

[2]　李敏芳，田晨君. 基于因子分析法的我国P2P网贷平台评级研究[J]. 湖北经济学院学报（人文社会科学版），2015，（6）：37-40.

内涵集中表现在对品牌资源规模效应上。

规模指标描述通常分为直接和间接两个角度,直接角度即直接对品牌规模进行描述。如李义敏等(2015)① 在测定品牌资产时,用总资产、净资产、员工人数来描述品牌规模,并引入广告宣传费作为品牌投入,综合体现出品牌的规模。间接角度则可以从市场规模、平台运营规模等方面间接体现出品牌竞争力。如郭海凤(2015)② 构建了网络借贷平台的综合评价体系,使用因子分析法测算各平台的综合竞争力,在评价 P2P 网贷平台综合竞争力时使用了市场规模指标,并进一步以标的数(借款人发布在网贷平台中的借款标数)和注册资本两个子指标度量市场规模。魏晓聪(2016)③ 对 P2P 平台进行综合分析时,引入平台运营规模来测定网贷平台的综合竞争力,从而间接体现描绘出网贷平台的品牌影响力,对于平台运营规模,应用的指标有成交额、平均借款期限、累计待还金额、近 30 日资金净流入、投资人数、人均投资金额、借款人数、平均利率等,其中成交额按一定期间内所有借款标的总金额计算,近 30 日资金净流入用 30 日内所有投标金额减去所有还款金额计算。李敏芳(2015)④ 在对我国 P2P 网络借贷平台进行评级分析时,也选用了成交额作为规模指标来测定 P2P 平台的竞争力。在传统金融领

---

① 李义敏,高攀,孟华. 基于企业与顾客双重视角的品牌资产价值形成路径研究 [J]. 经济经纬,2015(6):83-88.

② 郭海凤,陈霄. P2P 网贷平台综合竞争力评价研究 [J]. 金融论坛,2015(2):12-23.

③ 魏晓聪,李梅芳. P2P 网贷平台综合评价及成长性分析——基于因子分析法和聚类分析法 [J]. 金融理论与教学,2016(5):53-57.

④ 李敏芳,田晨君. 基于因子分析法的我国 P2P 网贷平台评级研究 [J]. 湖北经济学院学报(人文社会科学版),2015(6):37-40.

域，杨洋（2013）① 在评价商业银行品牌财务表现力时同样使用了规模要素指标，并进一步以销售收入、净资产和净利润三个子指标度量规模。

综上所述，上述学者关于互联网金融及传统金融规模指标的研究成果，形成了本书对互联网金融品牌商业性指标中规模评价子指标体系的理论基础，考虑到互联网金融的广泛性和特殊性，本书选取成交额作为规模要素的衡量指标。

第三节 互联网金融品牌管理能力研究综述

一、互联网金融品牌营销能力研究综述

学术界关于营销能力指标的定义尚未统一，一般认为企业营销能力是一种资源能力，一种市场竞争能力或推动营销流在企业营销链上运动的动力。乔均等（2013）② 认为企业的营销能力是企业对终端网点的布局，对销售渠道的把控能力，以及最终产品或服务在市场的占有状况，是衡量互联网金融品牌资源能力的一个重要指标。上升到互联网金融品牌的营销能力评价层面，营销能力指标，指的就是品牌作为一种资源能力、一种市场竞争能力或推动营销流在企业营销链上运动的动力对销售

---

① 杨洋. 富滇银行品牌竞争力研究 [J]. 云南社会科学，2013（4）：92 - 95.
② 乔均，彭纪生. 品牌核心竞争力影响因子及评估模型研究——基于本土制造业的实证分析 [J]. 中国工业经济，2013（12）：130 - 142.

渠道的管理能力。

通过大量的文献检索发现,在对互联网金融品牌评价的研究中尚且没有可借鉴的研究成果,但在传统金融行业的品牌评价研究领域,运用营销能力指标作为评价金融品牌的商业性指标这一做法已经很成熟。比如,宋绍富等(2012)[①]在分析财产保险公司品牌竞争力来源时就强调了金融企业的市场能力对品牌竞争力的重要影响作用,市场能力包括企业的风险管控能力和市场营销能力两方面。杨洋(2013)[②]以富滇银行为例分析了传统银行品牌竞争力的来源,借鉴了中国企业品牌竞争力指数系统(CBI)构建了银行品牌竞争力评价指标体系,以营销创新度、营销执行力和营销管理能力三个指标界定了品牌营销能力。傅彦铭(2015)[③]更加具体地对国有商业银行的营销能力进行了测度,从营销投入和营销产出两个维度测量营销效率。其中,营销投入维度的细分指标包括营销费用投入占主营业务收入的比重、营销人数占企业总人数的比重、品牌营销投入占营销投入总量的比重以及网络营销投入占营销投入的比重,这四个指标的重要性可以进一步延伸到评价商业银行的营销能力上。

上述学者关于互联网金融及传统金融营销能力细分评价指标的研究构成了本书对互联网金融品牌商业性指标中营销能力评价子指标体系的理论基础,考虑到互联网金融的广泛性和特殊性,选取营销费用投入占主营业务收入的比重、营销人数占企业总人数的比重两个指标作为营销

---

① 宋绍富,李光金. 财产保险公司品牌竞争力来源分析 [J]. 经济纵横,2012 (2):99 – 101,119.

② 杨洋. 富滇银行品牌竞争力研究 [J]. 云南社会科学,2013 (4):92 – 95.

③ 傅彦铭. 国有商业银行市场营销效率的测算 [J]. 统计与决策,2015 (2):169 – 171.

能力的子指标。

二、互联网金融品牌成长能力研究综述

传统意义上的企业成长能力,是指企业未来发展趋势与发展速度,包括企业规模的扩大、利润和所有者权益的增加,反映的是企业未来的发展前景。从传统金融品牌的视角来看,成长能力是品牌的发展潜力,是企业竞争力的重要体现(杨洋,2013)[①];从互联网金融品牌的视角来看,成长能力凸显的是互联网金融平台未来的发展潜力(魏晓聪等,2016)[②]。本书认为对于互联网金融企业而言,品牌成长能力是一种品牌价值的未来增量,同时对企业现阶段的综合竞争力也有正向影响作用。

成长能力指标可以通过直接描述品牌发展潜力来显示品牌竞争力,也可以通过显示互联网金融平台的整体发展潜力来间接表现品牌竞争力,它能反映投资者对平台的认可程度,即投资者对平台的安全保障、合作方等的信任程度这种不可测因素,常见的指标有成交额增长率、利润增长率等。迟国泰等(2009)[③] 在对国有商业银行竞争力进行评价时运用了发展能力指标,并以存款增长率和贷款增长率两个子指标对发展能力指标进行测度,发展能力指标的内涵同成长能力无本质区别,因而在评价互联网金融品牌成长能力的时候同样可以借鉴。杨洋(2013)[④]

---

① 杨洋. 富滇银行品牌竞争力研究 [J]. 云南社会科学,2013 (4): 92 - 95.
② 魏晓聪,李梅芳. P2P 网贷平台综合评价及成长性分析——基于因子分析法和聚类分析法 [J]. 金融理论与教学,2016 (5): 53 - 57.
③ 迟国泰,郑杏果,杨中原. 基于主成分分析的国有商业银行竞争力评价研究 [J]. 管理学报,2009,6 (2): 228 - 233.
④ 杨洋. 富滇银行品牌竞争力研究 [J]. 云南社会科学,2013 (4): 92 - 95.

在分析富滇银行的品牌竞争力时,认为其品牌发展潜力由品牌技术创新力、品牌资源筹供力、品牌市场营销力以及品牌市场成长力等方面构成,其中,品牌技术创新力由新产品替代率、新产品开发速度、技术经费占销售收入比重构成;品牌资源筹供力由资金筹供能力、专项人力资源比例构成;品牌市场营销力由营销创新度、营销执行力、营销管理能力构成;品牌市场成长力由品牌战略投资度、品牌成长指数、品牌保护能力、品牌危机处理能力构成。

因为互联网金融具有所有的金融功能,所以虽然互联网金融与传统金融在规模、技术等方面存在许多区别,但在考量品牌竞争力时,上述学者关于传统金融机构商业性指标的运用方法同样值得借鉴。杨卫平等(2016)① 在评价互联网金融背景下中国寿险公司经营绩效时同样使用了发展能力这一维度,并以收入增长率、净利润增长率、资产增长率以及净资产增长率四个子指标对发展能力进行了测度。魏晓聪等(2016)② 利用因子分析法和聚类分析法对 P2P 网贷平台进行综合评价及成长性分析时,体系中的成长性因素选取成交额增长、时间加权成交额增长、投资人数增加量、借款人数增加量四个指标来进行考量。

上述学者关于互联网金融及传统金融成长能力细分评价指标的研究构成了本书对互联网金融品牌商业性指标中成长能力评价子指标体系的理论基础,互联网金融最重要的反映其现状的就是交易量,故对于成长能力,仍然选用成交额来反映。

---

① 杨卫平,周咪,成萌. 互联网金融背景下中国寿险公司经营绩效评价研究[J]. 财经理论与实践,2016,37(4):31-36.

② 魏晓聪,李梅芳. P2P 网贷平台综合评价及成长性分析——基于因子分析法和聚类分析法[J]. 金融理论与教学,2016(5):53-57.

三、互联网金融品牌平台管理能力要素研究综述

企业营运能力指标体现的是企业的经营运作管理能力，一般的指标有运营时间、周转率、投资收益率等。对于互联网金融平台来说，运营的稳定性不仅关乎平台的营收，也影响平台在消费者心目中的定位。互联网金融平台的营运能力就是企业对业务的运营以及对资源的运用能力（许楠等，2016）[1]，反映了平台运用现有资源投入经营的成果（郑思海，2016）。综合来看，对于互联网金融品牌而言，营运能力是企业对品牌价值的经营运作管理能力。

在传统金融研究领域，对营运能力评价指标的研究已经较为成熟，比较有代表性的学者如宋绍富（2011、2012）在对我国传统的财产保险公司品牌竞争力进行系列研究的时候均使用了营运能力指标，并进一步地以资金运用率、投资收益/资产总额平均和投资收益三个细分指标来衡量企业的营运能力。

传统金融领域关于营运能力评价指标的研究基本限定于经济学上的一般性定义，在互联网金融领域这个指标具有更新的内涵。许楠等（2016）[2] 在利用改进四分图模型对 P2P 网贷平台竞争力诊断研究时，从竞争力的八个构成要素（成交额积分、营收积分、技术积分等）出发，构建针对个体 P2P 网贷平台的"重要性－竞争力"诊断模型，并将平台的运营作为重要的二级指标纳入评价模型，对应的三级指标则设置了技术积分、流动性积分和杠杆积分三个方面。其中，技术积分由自

---

[1] 许楠，曹齐芳. 基于改进四分图模型的 P2P 网贷平台竞争力诊断研究 [J]. 金融发展研究，2016（10）：32 – 37.

[2] 许楠，曹齐芳. 基于改进四分图模型的 P2P 网贷平台竞争力诊断研究 [J]. 金融发展研究，2016（10）：32 – 37.

主研发情况、网站人均响应时间、数据传输安全等得出,分数高低与平台技术实力成正比。流动性积分由债券久期得出,并根据有无债权转让、提现速度等进行调整,反映投资人在平台投资资金回收时间的长短。分数越高,则回收本金的时间越短,能更灵活地退出。杠杆积分由待收杠杆、地域杠杆、超越 10 倍杠杆情况及 TOP10% 逾期资本比四个二级指标组成,分数高,则平台资金杠杆较小,风险承受能力更强。对金融机构的杠杆率,原中国银监会对商业银行的要求比较严格(银监发〔2011〕44 号文)。[①]根据原中国银监会监管要求(《中国银监会关于中国银行业实施新监管标准的指导意见》银监发〔2011〕44 号)。杠杆率监管标准,即一级资本占调整后表内外资产余额的比例不低于 4%,弥补资本充足率的不足,控制银行业金融机构以及银行体系的杠杆率积累。

郑思海等(2016)[②]对我国 16 家网贷平台的运营效率进行了 DEA 分析,在定量测定平台的运营效率时,提出了 7 项客观评价指标,具体包括平台注册资金、上线时间、成交额、理论收益、借出人数、投资人数及综合利率。其中,注册资金是公司投入的资金成本,可以体现平台的自由资金实力,上线时间是公司投入的时间成本,起步较早的平台运营经验丰富,风险防控措施成熟,两者奠定了平台基本的服务能力。借出人数和投资人数是实际资源的投入,代表了平台的业务规模和人气,也在一定程度上反映了平台的服务能力。成交额、理论收益以及综合利率是实际的产出,反映了平台运用现有资源和投入经营的成果。冷建飞

---

① 银监发. 中国银行业实施新监管标准的指导意见. 银监发〔2011〕44 号文.
② 郑思海,田原,金璐. 基于 DEA 方法的我国 P2P 网贷平台运营效率研究 [J]. 经济研究参考,2016(20):67 - 77.

等（2016）① 对互联网金融机构的营运能力做了更加具体的评价研究，其在梳理我国 P2P 行业发展现状的基础之上，基于层次分析方法，从经营性指标体系、用户体系以及风险控制体系三个层面构建 P2P 平台运营稳定性的评估指标体系。其中，经营性指标包括交易规模、笔均成交额、平均借款期限以及综合出借利率等子指标，用户指标包括供需关系、投资效率以及信息透明度等子指标，风险控制指标包括借款集中度、资金流动性、逾期状况、资产多元化、政策环境以及行业自律等子指标。

第四节　互联网金融品牌成本要素研究综述

互联网金融品牌的成本指标与传统意义上的财务成本指标内涵基本一致，品牌的发展需要付出一定资金代价和时间代价，成本指标可以反映企业在品牌拓展过程中所付出的精力，它可以是经营成本，也可以是为获取顾客而付出的获取成本。一般来说，品牌影响力越强，获得顾客的成本越低。传统金融领域研究成本问题成果较多，但是互联网金融领域研究成本的文献较少。有学者基于顾客视角对品牌的成本指标进行了讨论。黄健青等（2015）② 从顾客角度对众筹项目的成功影响因素进行了分析，引用了 Philip Kotler《营销管理》中顾客让渡价值的定义，说

---

① 冷建飞，张雨微. 我国 P2P 借贷平台营运能力评估研究 [J]. 现代管理科学，2016（12）：112-114.
② 黄健青，陈欢，李大夜. 基于顾客价值视角的众筹项目成功影响因素研究 [J]. 中国软科学，2015（6）：116-127.

明顾客让渡价值是顾客总价值（TCV）与顾客总成本（TCC）之间的差额，其中顾客总成本包括货币成本、时间成本、精神成本和体力成本。他用项目最低投资额来表示顾客总成本。杨凤（2015）[①] 基于顾客价值视角对电子商务网站竞争优势进行分析时，从感知利得与感知利失出发，探讨了电子商务网站顾客价值驱动因素，力求全面地识别电子商务网站顾客价值驱动因素，并提出了电子商务网站顾客价值驱动因素的5个重要维度：网站设计特性、网站服务特性、产品特性、交易成本、感知风险。但与上述众筹项目不同的是交易成本细分为搜索成本、比较成本及订购支付成本、接收成本和售后服务成本五个方面。也有学者在"互联网+"传统行业领域对成本指标进行了讨论。周荣森（2015）[②] 研究了"互联网+智能工业"模式的成本结构，包括直接生产成本、管理成本、营销成本、质量成本四个维度。互联网金融与"互联网+智能工业"的模式是"互联网+传统行业"的典型代表，在成本指标评价上可以相互借鉴。少数学者基于传统金融视角研究了互联网金融的成本指标，卢馨等（2014）[③] 采用规范研究的方法，基于传统金融环境下小微企业融资难的现实，研究了互联网金融环境下小微企业的融资成本，包括时间成本和资金成本，并以P2P网络借贷为例，用数据证明互联网金融在降低小微企业融资成本上的升级空间。汪渝（2013）[④] 认

---

① 杨凤. 基于顾客价值的电子商务网站竞争优势的构建［J］. 现代情报，2015（1）：120-127.

② 周荣森. 互联网+智能工业模式的成本结构变动及其价格策略研究［J］. 价格理论与实践，2015（8）：106-108.

③ 卢馨，汪柳希，杨宜. 互联网金融与小微企业融资成本研究［J］. 管理现代化，2014，34（5）：7-9.

④ 汪渝. 互联网金融对小微企业金融服务的影响研究［J］. 企业研究，2013（22）：147-148.

为，在互联网金融环境下，交易信息的处理效率和资金的配置效率都将得到提升，大大降低了小微企业的融资成本。在时间成本方面，互联网金融突破了时间和地域的限制，凭借在大数据挖掘和批量信息处理上的核心优势，使小微企业上网就可以找到融资机会，且融资手续也相对简单，业务办理的效率高，通常一周之内就能完成借贷交易的全过程，时间成本比较低。在资金成本方面，互联网金融环境下，可供小微企业选择的融资产品较多，可以相应地选择利率低、服务费用较少的产品。相对来说，资金成本也较低。曹廷贵等（2015）[①] 基于互联网软信息成本和传统技术软信息成本差异性，建立了小微企业金融排斥的分析框架。研究表明，硬信息缺乏，软信息获取成本高是影响小微企业金融排斥的主要因素。充分运用互联网技术是当前降低软信息成本的重要方法和发展趋势，将互联网软信息成本引入模型，发现降低软信息成本，能扩大小微企业融资可能性边界，拓展融资可能性集合，降低金融排斥度。从传统金融行业管理规制看，《中华人民共和国商业银行法》（主席令第47号）第三十九条对银行贷款设立了分散要求，对同一个借款客户贷款余额/资本总额不大于15%；对最大十家客户贷款余额/总资本总额不大于50%。对互联网金融企业来讲，分散度对降低风险同样有效。分散度，主要是指互联网平台开展借贷业务的分散程度，借贷越分散，借贷人违约后产生的风险相对越小。所以业务分散、行业分散、区域分散和贷款分散等均是互联网金融应该注意的问题。

上述学者以及行业机构，主要基于传统行业的视角对成本指标进行

---

① 曹廷贵，苏静，任渝. 基于互联网技术的软信息成本与小微企业金融排斥度关系研究 [J]. 经济学家，2015（7）：72-78.

了研究，考虑到互联网金融发生交易多在线上，成本较低，故对于其成本要素通过资产质量来衡量，本书选用分散度来计算其资产质量。

第五节 互联网金融品牌流动要素研究综述

《中华人民共和国商业银行法》第四条规定，商业银行以效益性、安全性、流动性为经营原则。第三十九条第三款指出，商业银行贷款应当遵守下列资产负债比例管理的规定，流动性资产余额与流动性负债余额的比例不得低于百分之二十五。流动性被视为商业银行的生命线。流动性不仅直接决定着单个商业银行的安危存亡，而且也直接影响整个国家的经济是否稳定（银监发〔2011〕44号①）。

在互联网金融不断出现"跑跑"危机的阶段，加强互联网金融平台流动性研究至关重要。商业银行流动性，是指商业银行满足存款人提取现金、支付到期债务和借款人正常贷款需求的能力。商业银行提供现金满足客户提取存款的要求和支付到期债务本息，这部分现金称为基本流动性，基本流动性加上为贷款需求提供的现金，称为充足流动性。保持适度的流动性是商业银行流动性管理所追求的目标。金融行业的流动性可以用商业银行的资产负债表计算。具体涉及银行的资产流动性指标（现金状况指标、流动性证券指标、净联邦头寸比率、能力比率及担保证券比率等）和银行的负债流动性指标（游资比率、短期投资对敏感性负债比率、经纪人存款比率、核心存款比率和存款结构比率）。当

---

① 银监发. 中国银行业实施新监管标准的指导意见. 银监发〔2011〕44号文.

然，也涉及商业银行流动性市场信号指标。

影响互联网金融流动性风险的因素与传统金融行业基本相同，但内涵、权重、强度及途径等发生了变化。从金融市场小环境看，主要包括六个方面：

一是从业机构自身的品质和运营水平。主要表现为掌握、分析投资供需双方情况，生产金融产品，吸纳、储备和管理资金，管控资金流动，评估和管控风险等能力。

二是金融产品的品质。主要表现为投资项目、理财计划的合理性，获利可能性、安全性。

三是投融资者数量及质量。投融资者的数量、素质，投资心理和能力，融资动机和能力，以及获益预期等因素，往往影响资金与资产匹配的程度。

四是投资资金流。主要表现为投资体量、流向、获利预期、集散度等，这些要符合资金与资产匹配的客观规律和实际。

五是市场的"品质"。（1）市场透明度，表现为金融从业机构、投资者、融资企业、政府管理机构等是否对客观情况能真实、完整地掌控。（2）市场信用度，表现为上述各方是否能讲求诚信，严守契约精神。（3）市场道德法律水平，表现为上述各方是否能做到奉公守法，令行禁止。

六是技术水平，主要表现为网络系统技术先进性、安全性及运行效率等。

这六个方面的品质和水平越高，风险越低。从金融市场大环境看，主要包括三个方面：一是政府金融政策和货币投放量；二是政府的监管政策和法律法规；三是融资企业运营状况。

学界普遍认为，流动性风险是指金融机构不能通过负债或者合理成本的负债来应对资产增长或者负债下降。从业界的角度来看，互联网金融流动性风险是指互联网金融机构由于资金短缺而无法实现消费者的提款指令。造成流动性风险的原因可以从产品、机构、投资者特性以及网络等方面来分析。

  Cronin（1998）[1] 认为，互联网将走入实体企业，实现互联网技术与人才相结合，从而从根本上推动行业的发展。Mallat（2007）[2] 对移动客户端支付进行了探讨，认为移动支付依靠其跨空间、跨时间的便利性，为客户提供了更好的用户体验。Celik（2008）[3] 同样运用 TAM 模型，构造了模型直接对用户风险感知能力、技术进步效用以及自控力进行了度量，并运用 POLS 方法分析真实样本数据，得出了表面技术进步效用对互联网金融流动性最具有影响性。Klafft（2008）[4] 提出，由于互联网的虚拟特质，当企业之间信息共享机制不健全，央行也没有建立起完整的国民信用披露机制，这样将会导致企业在对用户进行信用测试时存在巨大的信息不对称。此时，贷款交易中企业不得不承受更高的流动性风险。Chaffee 和 Rapp（2012）[5] 认为，与其说是互联网金融，倒不如说是金融互联网，互联网金融实质上仍然是金融产品借助互联网这个

---

  [1] Cronin M J. Banking and Finance on the Internet [M] // Banking and Finance on the Internet. John Wiley & Sons, 1998: 51 – 66.
  [2] Mallat N. Exploring consumer adoption of mobile payments – A qualitative study [J]. Journal of Strategic Information Systems, 2007, 16 (4): 413 – 432.
  [3] Celik H. What determines Turkish Customers' Acceptance of Internet banking? [J]. International Journal of Bank Marketing, 2008, 26 (5): 353 – 370.
  [4] Klafft M. Procurement Platforms for Consumers [J]. Acm Sigecom Exchanges, 2008, 7 (2): 1 – 3.
  [5] Chaffee E C, Rapp G C. Regulating On – Line Peer – to – Peer Lending in the Aftermath of Dodd – Frank: In Search of an Evolving Regulatory Regime for an Evolving Industry [J]. Washington & Lee Law Review, 2012, 69 (2): 485.

工具进一步发展，从而实现金融业的横向扩展和纵向延伸。因此，由于金融行业自身的流动性，传统金融行业所面临的市场风险、利率风险、违约风险等对于互联网金融产品同样适用。除此之外，互联网金融还面临互联网属性的风险，如信息风险和操作风险等。

与国外研究相比，由于我国金融体系成熟较晚，对互联网金融流动性研究大多是从流动性风险角度出发的。洪娟等（2014）[①]认为，互联网金融风险具有二重性，即金融属性与互联网属性。互联网金融对计算机技术软硬件具有依赖性，系统安全也具有不确定性和虚拟化，技术风险是互联网金融区别于传统金融机构流动性风险的主要部分，包括计算机本身故障以及黑客入侵等外部侵害。虚拟化的风险主要在于信息不对称，造成大量中小型金融机构在没有阿里、京东等电商平台的依托下，难以准确量化用户质量并进行分层管理，依照行业平均质量来确定购买价格，容易造成"劣币驱逐良币"，风控不佳的企业反而将规模做得相对较大。此外，相关法律监管体系的不完备，可能会产生更大的信息不对称，以及相应而生的逆向选择和道德风险等，可能会导致互联网金融行业比传统金融行业的发展具有更大的不确定性，互联网金融行业将面临更大的流动性风险。魏鹏（2014）[②]分析了互联网金融品牌发展将面临的流动性风险，认为互联网金融企业流动性风险主要受到两方面影响：一是企业高杠杆运行。互联网金融初期，没有相关配套的行业准入原则，大量的中小型甚至微型 P2P、众筹平台扎堆出现，这些企业资本金严重不足，但是撬动了大量资金，在长期高杠杆运作时，其承担风险

---

① 洪娟，曹彬，李鑫. 互联网金融风险的特殊性及其监管策略研究 [J]. 中央财经大学学报，2014，1（9）：42-46.

② 魏鹏. 中国互联网金融的风险与监管研究 [J]. 金融论坛，2014（7）：3-9.

的能力急剧下降。二是容易面临资金的集中赎回。互联网的确帮助金融企业提高运作效率，通过数据分析让企业更加精准地管理流动资金，但是同时，信息的公开性以及用户行为的不可测性，一旦出现小概率事件，容易造成事件急剧恶化，给企业带来重大打击。此外，互联网金融企业应当着重注意资金安全风险，严防资金被挪用，同时要注意货币政策风险，通过对宏观货币政策走势确定流动资金管理政策。另外，我国投融资者数量庞大。互联网金融的最大特点是参与人数众多。数以亿计的中国网民有很大一部分加入到网上投融资行列，成为流动性风险生成能量的潜在输入者和风险结果的现实承受者。

上述学者关于互联网金融及传统金融品牌流动性细分评价指标的研究，构成了本书互联网金融品牌商业性指标中流动性评价子指标体系的基础，考虑到互联网金融的广泛性和特殊性，本书选取待还金额占注册资本的比重、资金净流入/成交额的比重两个指标作为流动性的子指标。

第六节 互联网金融品牌成长要素研究综述

互联网作为人类进入 21 世纪的标志性技术，已经完全融入了社会生产和人们生活中。随着我国电商平台不断发展，金融行业也逐渐融入了互联网领域，实现了"互联网+金融"形式，如今，互联网金融逐渐形成了互联网支付形式、众筹模式、在线金融业务、P2P 等金融商业模式。从金融行业角度出发，充分利用互联网优势构建金融持续发展框架，寻求金融企业发展已经成为金融领域重点关注的问题。互联网金融的发展离不开品牌影响力的提升，对于互联网品牌成长研究有重大的现实意义。

  关于互联网金融品牌的成长性，国内外主要从业务转型和品牌效率两个角度来研究。从业务转型来看，企业再造理论、约束诱导型金融创新理论和交易成本创新理论都可以认为是商业银行转型发展的理论基础。企业再造理论始于 20 世纪 70 年代，信息技术革命使企业的经营环境和运作方式发生了很大变化，面对这些挑战，企业提出在新的背景条件下应改造原来的工作流程，使企业更适应未来的生存发展空间。在这种背景下，传统金融行业作为比较特殊的企业，在信息技术的推动下，特别是近年来互联网金融的冲击下，开始改造原来的运作方式，适应高效率的金融环境。约束诱导型金融创新理论是从寻求利润最大化的金融公司创新最积极这个表象开始的，由此归纳出金融创新是微观金融组织为了寻求最大的利润，减轻外部对其产生的金融压制而采取的"自卫"行为。希克斯（J. R. Hicks）和尼汉斯（J. Niehans）提出的金融创新理论的基本命题是"金融创新的支配因素是降低交易成本"。互联网金融体现出来的低成本化正是商业银行转型需要借鉴的地方。而商业银行等传统的金融行业向互联网金融过渡，充分体现了互联网金融品牌的成长过程。国内学者对商业银行转型理论的观点主要有：应金凤（2008）[1]在金融功能视角下分析了商业银行的转型，认为商业银行在金融创新中对自身积累的信用风险和市场风险进行配置，达到转型的目。周民源（2012）[2] 以制度经济学理论为基础，提出了商业银行转型的目标定位，

---

[1] 应金凤. 金融功能视角下我国商业银行转型研究 [D]. 浙江大学, 2008.
[2] 周民源. 中国商业银行转型的路径选择研究 [J]. 金融监管研究, 2012（9）: 54 – 68.

并从发展模式、经营模式、管理模式、竞争策略和服务实体经济功能等方面，提出了我国商业银行转型道路。

从效率提升角度来看，互联网金融品牌成长性，体现在互联网金融促进传统金融行业效率提升。李渊博和朱顺林（2014）[1] 用 2007 – 2014 年间我国 23 个省份所构成的面板数据，用实证的方法从短期和长期两个角度分析了我国互联网金融创新对我商业银行经营发展的因果关系。结果显示，短期内，两者不具备显著的因果关系，但长期来看，互联网金融的创新促进了商业银行经营发展。王锦虹（2015）[2] 认为互联网金融对商业银行盈利构成了极大挑战，为了构建测度指标体系，采用德尔菲法问卷调查法和模糊处理的方法获取数据，进一步分析，结果显示，互联网金融的发展对商业银行的负债影响较大，从而影响其盈利。在对商业银行效率影响的实证研究方面，沈悦和郭品（2015）[3] 从互联网金融的技术溢出层面分析了互联网金融对商业银行全要素生产率的成长性的影响，运用"文本挖掘法"的方法构建互联网金融指数，并结合 36 家商业银行 2003—2012 年的数据进行了实证检验，验证了互联网金融通过技术溢出全面提高了商业银行的全要素生产率。

上述学者关于互联网金融及传统金融成长性的细分评价指标的研究，构成了本书互联网金融品牌商业性指标中成长能力评价子指标体系的理论基础，互联网金融最重要的反映其现状的就是交易量，故对于成

---

[1] 李渊博，朱顺林. 互联网金融创新与商业银行经济发展的关系研究——基于省级面板数据的因果关系检验 [J]. 南方经济，2014，V32（12）：36 – 46.

[2] 王锦虹. 互联网金融对商业银行盈利影响测度研究——基于测度指标体系的构建与分析 [J]. 财经理论与实践，2015（1）：7 – 12.

[3] 沈悦，郭品. 互联网金融、技术溢出与商业银行全要素生产率 [J]. 金融研究，2015（3）：160 – 175.

长能力,仍然选用成交额来反映。

综上所述,上述学者关于互联网金融及传统金融盈利能力、规模要素、营销能力、成长能力、营运能力以及成本要素六大评价指标的研究,构成了本书对互联网金融品牌商业性评价研究指标体系的理论基础。考虑到互联网金融的广泛性和特殊性,成交额反映了企业的盈利能力、规模要素,选取平均收益率,作为盈利能力的衡量指标,选取流动性作为企业营运能力的衡量指标,对于成本要素,经过专家访谈得出,成本对于互联网金融公司来说,并不是一个重要因素,而互联网金融企业的资产质量是衡量其综合实力的重要指标,故选取分散度来衡量资产质量。将上述互联网金融品牌商业指标文献梳理,得到互联网金融品牌商业性因素的4个子指标,即成交额、平均收益率、流动性和分散性。由此可将互联网金融商业指标体系概括如表4-1所示。

表4-1　　　　　互联网金融品牌商业因素指标体系

商业因素指标	营销能力	宋绍富(2012);乔均(2013);傅彦铭(2015)
	成长性	提现为商业银行的成交额递增:郭海凤(2015);乔均(2016)
		提现为商业银行全要素生产率的提高:沈悦、郭品(2015);渊博、朱顺林(2014)
	规模指标	以销售收入、净资产和净利润等度量规模:杨洋(2013);魏晓聪(2016);郭海凤(2015)
	盈利能力	销售净利率、营业毛利率、资产收益率、净资产收益率等指标:Venkatraman(1989);郭新有(2005);郭海凤(2015);姜明生(2009);王曼舒(2013)
	运营成本	成本要素通过资产质量来衡量,分散度来计算其资产质量:汪渝(2013);曹廷贵(2015);杨凤(2015);周荣森(2015)

续表

商业因素指标	资金杠杆率	一级资本除以总资产；银监发〔2011〕44号；《中华人民共和国商业银行法》
	银行流动性	互联网金融平台，可以用还贷金额占注册资本的比重、资金净流入/成交额的比重两个指标作为流动性的子指标；银监发〔2011〕44号；《中华人民共和国商业银行法》

| 第五章 |

互联网金融品牌效率影响因素研究综述

互联网金融品牌平台运营效率具有差异性，互联网金融品牌强度与其互联网金融品牌运营效率具有关联性。互联网金融商业因素不仅对互联网金融品牌运营效率有影响，而且技术因素和人文因素对互联网金融品牌运营效率也有影响。梳理平台上互联网金融品牌影响效率的投入因素和产出因素，对构建互联网金融品牌效率模型及其分析有积极意义。

第一节 互联网金融品牌效率人文因素研究综述

互联网金融品牌的人文因素对品牌效率和品牌强度有拉升作用。国内学者郑思海等（2016）[①] 对我国 16 家 P2P 网络借贷平台的运营效率进行了 DEA 研究发现，品牌个性和品牌知名度与平台效率呈现显著的正相关关系，说明网贷平台企业品牌强度越强大，网贷平台企业成交额越大。网贷平台参与人比较看重显露网贷平台安全问题以及网贷平台品牌知名度问题，侧面证明了网贷平台品牌强的企业倒闭的风险较小。柏菊等（2016）[②] 认为，国资或银行控股或参股的 P2P 网络借贷平台效率较无国资或银行参股的平台效率要低，原因可能与其代办的操作规制以及动力缺位和产品僵化有关。

周昕、黄微等（2016）[③] 在界定信息生态视角下网络平台运行效率评价的内涵的基础上，从信息环境、信息资源、信息人、信息技术、网络平台信息生态健康度五个方面，对信息生态视角下网络平台运行效率的影响因素进行分析。研究结果发现，网络满意度与平台效率正相关。通过对网络平台运行效率进行评价，可以使网络平台衡量

[①] 郑思海，田原，金璐. 基于 DEA 方法的我国 P2P 网贷平台运营效率研究 [J]. 经济研究参考，2016 (20)：67-77.

[②] 柏菊，黄作明. 不同类型的 P2P 网络借贷平台运营效率分析——基于 DEA 方法 [J]. 南京审计学院学报，2016，13 (3)：87-95.

[③] 周昕，黄微，韩瑞雪等. 信息生态视角下网络平台运行效率影响因素分析及评价体系构建 [J]. 情报理论与实践，2016，39 (7)：102-107.

其自身运营状态,并为发展战略的制定提供指向,引导网络平台增强核心竞争力。

雷欢(2016)① 以我国沪深两市 16 家上市银行作为研究对象,以 2008 - 2014 年数据样本为例,探讨了商业银行的社会责任表现与其经营效率两者的关系,并用 SFA 模型测度出银行的经营效率,选取每股社会责任贡献值作为社会责任的替代指标。用回归分析研究了银行履行社会责任对经营效率的影响。同时,为了进一步考察银行履行社会责任对经营效率是否产生了持续的影响,考察了银行前期社会责任表现与当期经营效率之间的关系,并基于声誉交易理论,区分了银行类型和规模,研究了国有银行、城市商业银行的社会责任表现对其经营效率的影响。研究发现,银行的社会责任表现对其经营效率的提高具有显著的促进作用。

朱蓉(2015)② 采用净利润率作为经营效率的替代指标,对我国 62 家商业银行 2008 - 2012 年的经营效率进行实证研究,指出商业银行社会责任履行的程度越充分,相应的经营效率也就越高,企业声誉在两者关系中起到中介作用。

综上所述,人文因素(品牌偏好、品牌信任、品牌忠诚、品牌个性以及社会责任)对品牌效率有拉升作用,企业以及政府相关部门应该注重人文因素对品牌效率的拉升作用。

---

① 雷欢. 商业银行社会责任对经营效率的影响研究 [D]. 哈尔滨工业大学,2016.

② 朱蓉. 商业银行社会责任、企业声誉与财务绩效 [J]. 金融与经济,2015 (4): 58 - 62.

第二节　互联网金融品牌效率技术因素研究综述

在互联网金融发展的技术因素中，安全性指标对银行效率以及网贷平台效率的影响显著。邓超、刘威伟（2006）[①] 认为，安全性是银行管理的基础，对银行的效率有着重要的意义。对中国银行业而言，银行的经营风险和安全性尤为受到关注，作者利用 DEA 法的 CCR 模型及其衍变而来的 VRS 和 NIRS 效率模型，以营业费用、总负债为投入指标，所有者权益为产出指标，从运营安全性的角度对我国 14 家商业银行 1997－2005 年的技术效率、规模效率、纯技术效率以及规模报酬区间进行了实证研究，指出我国商业银行效率值总体偏低，而且银行之间差距很大。Diamond（1984）[②] 认为，金融机构与监管机构合作可以提高自身的风险承受能力，降低经营成本。目前，国内的网贷规模非常庞大，网贷平台对复杂的借贷交易、资金流向难以进行监管，如果网贷平台引入第三方对商业银行监管，这样就能有效解决监管难、成本高的问题，可以提高运营效率。另外，第三方监管机制还可以提高网贷平台资金的安全性，防止平网贷平台欠债企业"跑路"问题的出现，这样可以吸引更多的资金进入网贷平台，提高网贷平台的融资效率。

[①] 邓超，刘威伟. 基于安全性角度的中国商业银行效率的实证研究 [J]. 中南大学学报（社会科学版），2006，12 (6)：710－714.

[②] Diamond D W. Financial Intermediation and Delegated Monitoring [J]. Review of Economic Studies，1984，51 (3)：393－414.

技术指标中的透明性对网贷平台效率也有一定影响。透明性主要，是指网贷平台信息公开的对称性。李杰①（2008）在对我国上市商业银行2002—2006年信息披露质量实证分析后发现，成本效率与银行信息披露率的发展趋势表现出高度同步性，并出现逐步改善趋势。成本效率较好的银行自愿披露更多高质量信息，而成本效率较差的银行在信息披露方面较差。这意味着高效率的银行存在向市场披露更多信息、显示其竞争优势的行为倾向；反之，低效率银行存在更多的掩饰信息倾向。由于互联网自身的虚拟性，导致互联网金融比传统金融机构更加需要通过增加自身信息披露的质量来提高运营效率。

信息不对称降低了网贷平台的透明性，严重影响了网贷平台效率。Collier（2010）②认为信息不对称阻碍了网贷平台效率的提高，在网贷平台中增设社区交流平台有利于投资人之间的信息交流，促使投资人对平台交易信息了解得更透彻、更及时，可以提高平台的运营效率，同时它也为借款人的信用度提供了保障。张利敏（2012）③认为，信息的不完全性和不透明性会引起逆向选择和道德风险问题，进而引起经济活动中信贷风险的产生，降低金融机构的运作效率。扈震等（2014）④认为，信息不对称严重影响了借贷市场的健康发展。从宏观方面来说，资金进入不应得到支持的高风险、低效率的领域，使得资源发生错配，严

---

① 李杰. 银行监管要求：信息披露质量与成本效率研究 [D]. 天津大学，2008.

② Collier B C, Hampshire R. Sending Mixed Signals：Multilevel Reputation Effects in Peer-to-Peer lending Markets [C] // ACM Conference on Computer Supported Cooperative Work. ACM，2010：197－206.

③ 张利敏. 信息不对称性与商业银行信贷风险问题 [J]. 时代金融，2012 (14)：80－80.

④ 扈震，王学武. P2P网贷信息不对称问题研究 [J]. 中国市场，2014 (32)：46－51.

重降低了市场配置资源的效率，进而带来经济的低效率和产业结构的畸形；从微观方面来说，优秀的借款人得不到资金而难以为继，资金的错投又给出借人带来了极大的风险，在风险事件发生时使坏账率骤升，造成巨大损失。无论是宏观层面还是微观层面，都会给网贷平台带来巨大损失，降低平台的运营效率。Emekter 等（2015）[1] 提出，Web2.0 的出现促进了线上 P2P 借贷平台的兴起，给借款方和贷款方带来好处的同时，也存在着双方信息不对称而导致逆向选择和道德风险，进而影响平台的运营效率。由此可见，网贷平台的安全性、透明性对平台效率有重要影响。

周勤、王飞（2016）[2] 以网贷之家 2013 年 8 月 – 2015 年 6 月公布的平台数据为样本，选择平台流动性、透明度、分散度等指标，研究在网贷平台掌握信息优势的时候，借贷双方在平台选择决策时是否也会存在身份歧视。研究结果表明，平台规模是借贷双方进行平台选择时重点考察的因素，同时，流动性、分散度等也是分辨网贷平台优劣的主要指标。网贷平台应在技术层面上提高平台的透明度，以提高平台的效率。

综上所述，从互联网金融技术因素角度看，提升网贷平台的安全性、透明性，对拉升网贷平台的效率有重要意义。为提升网贷平台效率，互联网金融企业应加强对技术因素的投入。

---

[1] Emekter R, Tu Y, Jirasakuldech B, et al. Evaluating Credit Risk and loan Performance in Online Peer-to-Peer (P2P) lending [J]. Applied Economics, 2015, 47 (1): 54 – 70.

[2] 周勤, 王飞. 信息不对称与"言多必失"——来自中国 P2P 网贷平台的证据 [J]. 东南大学学报（哲学社会科学版）, 2016, 18 (3): 78 – 84.

第三节　互联网金融品牌效率商业因素研究综述

Wiley 和 Sons（1996）[①] 采用 DEA 模型对 1981－1989 年放松管制前中国台湾六家老牌商业银行的财务报表进行了分析，指出影响商业银行的四个因素：资本充足率、盈利能力、资产使用性和流动性。其中，净收入与资本，资产和总营业收入的比率，被称为盈利能力。实证结果表明，DEA 较高的商业银行具有较高的资本充足率、资产利用率和盈利能力。这一结果似乎表明，在 DEA 模型中有效扩展金融中介功能的银行，其运营成本相对较低，赚取了更多的利润收入，论证了 DEA 与财务比率可以相结合，帮助中国台湾银行监管者不仅可以区分效率银行和低效银行，而且可以洞察银行的各种金融维度。

周沛锋等（2014）[②] 认为，互联网的飞速发展让 P2P 网贷平台成为新的金融服务机构模式，因此如何提高网贷平台效率成为重要的研究问题。作者选取了 22 家 P2P 小额贷款公司作为样本，对 P2P 网贷平台效率运用了 DEA 模型进行定量分析。因为数据收集及数据处理上的困难，所以选取了能够反映 P2P 网贷平台效率的评价指标，包括平台注册资金、上线时间、借出人数、总成交额、借入人数和综合利率。其中，本书对 P2P 网贷平台品牌强度测定时也选取了成交额作为品牌强度商业

[①] Society O. Journal of the Operational Research Society [M]. Encyclopedia of Statistical Sciences. John Wiley & Sons, Inc. 1996：457－465.

[②] 周沛锋，张宝明. 我国 P2P 小额信贷平台效率研究 [J]. 江苏商论，2014（6）：51－53.

因素测定的指标之一。说明了网贷平台成交额对品牌强度及效率都有影响，平台成交额的增加对品牌强度及效率都有显著正相关关系。成交额的高低反映了网贷平台在互联网借贷平台中的行业影响力，它是提升平台强度与效率的重要因素。

苏为华、王景裕等（2016）[①]选取了注册资本、总借款人数为投入指标总成交额、总投资人数为产出指标，将投入要素和生产要素的数据代入 DEA 模型中，计算各个 P2P 借贷平台的综合效率值和纯技术效率值。实证结果表明，在浙江省这 32 家 P2P 网贷平台中，综合效率、纯技术效率各自数值有较大差别，其原因是多方面的：由于某些平台成立时间较早，率先进入 P2P 借贷行业，在本省以及全国形成了一定的知名度，导致投融资活跃。某些平台虽成立时间较晚，但注册资本雄厚，实力较强，在营销、宣传和运营方面投入较大，吸引了众多的投资者和借款者。不同平台之间针对的客户群不同，有的针对广大工薪阶层，有的针对中小企业主，而且业务也不同，导致投资者人数和人均借款金额这两个指标存在较大差异。

柏菊等（2016）[②]认为，P2P 借贷平台便利简捷的特点吸引了众多中小微企业的融资，P2P 已经成为重要的金融中介机构。而运营效率反映了 P2P 平台竞争力，网贷平台的效率指标分为投入指标与产出指标，根据效率最大化条件，前者越小越好，后者越大越好。投入指标包括平均利率、累计贷款余额、累计问题平台/运营平台的数据以及借款期限；产出指标包括当月成交额、投资人数和借款人数。

---

① 苏为华，王景裕，刘建和. 基于 DEA 方法的浙江省 P2P 网贷平台的事中监控效率评价研究 [J]. 浙江金融，2016（4）：17-22.
② 柏菊，黄作明. 不同类型的 P2P 网络借贷平台运营效率分析——基于 DEA 方法 [J]. 南京审计学院学报，2016，13（3）：87-95.

朱宗元等（2016）①根据网络借贷平台的人气、成交额和风险三个方面构建了网贷平台效率评价指标体系，以平台效率反映竞争力。人气指标包括总借款人数、总出借人数、人均借款次数、人均出借次数、人气指数；成交能力指标包括总成交额、平均满标时间、人均借款金额、人均出借金额；风险衡量指标包括借款分散度、出借分散度、贷款余额。在影响互联网金融品牌强度的商业性因素中，分散度与成交额对互联网借贷平台效率及强度有显著性影响。

王飞等（2018）②以陆金所、人人贷、拍拍贷等 22 个 P2P 网贷平台为例，收集了 2014 年 12 月至 2015 年 11 月的月度面板数据，采取超效率 DEA 模型对网贷平台的效率进行测算。实证分析显示，分散度以及流动性与平台效率之间显著的负向关系，违背了一般常理，一般平台的流动性同时表示投资人收回本息以及借款人获得资金的难易程度。流动性指数越高，表明借款人的融资需求更容易得到满足，而投资人在该平台回收本金的时间也就越短，进入和退出更加灵活。因此，逻辑上讲，高效率平台应该伴随着良好的流动性。而平台分散度表示的是平台上资金借贷的分散程度，积分越高说明借款人和投资人越分散，从 P2P 网络借贷的普惠特征来看，高效率平台所服务的对象应该是广泛的。

由此可见，商业因素中成交额指标对于互联网金融品牌强度与品牌效率呈正向影响，分散度与流动性指标可能对互联网金融品牌强度及效率都有显著性影响，为了提高平台品牌核心竞争力，应注重对这两方面因素的提升。

---

① 朱宗元，王景裕. P2P 网络借贷平台效率的综合评价——基于 AHP – DEA 方法 [J]. 南方金融，2016（4）：31 – 38.

② 王飞，巢玮，王永健. 网贷平台效率的测度方法及其验证 [J]. 电子科技大学学报（社科版），2018（1）.

第四节　互联网金融品牌投入产出指标研究综述

网贷平台作为筹资者和投资者之间的中介平台，其效率是衡量平台在经营过程中投入与产出或者成本与收益之间的对比关系。从投入的角度来看，P2P借贷平台的投入具体表现为：获客成本、系统建设、职工薪酬、营销等各种费用支出；从产出的角度来看，P2P借贷平台的产出表现为成交额和累计贷款余额等。

一、互联网金融品牌投入指标研究综述

张婷婷（2018）[①] 利用DEA法来测算商业银行效率，为了符合银行经营特征来准确测量银行效率，选取了员工总数和固定资产净值作为投入变量。对于存款这一变量，从生产法来说它是银行为客户提供服务的产出变量，从金融中介法来说，存款是银行贷款业务、投资业务等盈利活动的投入指标。为了解决这一困境，将存款作为中间变量。

王金祥等（2005）[②] 为了测量商业银行效率也采用了超效率DEA评价模型，结合商业银行的经营模式、指标选取原则，将期内平均人数

[①] 张婷婷. 互联网金融背景下我国商业银行效率研究——基于存款视角的网络DEA方法 [J]. 知识经济，2018 (8).

[②] 王金祥，吴育华，刘俊娥. 基于超效率评价模型的银行效率测算研究 [J]. 河北建筑科技学院学报：自然科学版，2005, 22 (1)：57-60.

(个)、期内平均资产总额、期内综合费用作为投入指标。杨洋(2015)① 利用改进的两阶段网络 DEA 法测算了商业银行效率,结合商业银行经营特点选取了符合可比性、可获得性指标。投入指标分为人力投入与非人力投入。其中,人力投入选取了员工费用,非人力投入选取了股东权益。因为商业银行特殊的经营模式,在投入人力、非人力资本获得存款的第一阶段,将存款作为产出指标,而在利用存款放贷等资本投资活动获取利润的第二阶段,将存款作为投入指标,所以将吸收存款及同业存放作为中间指标。

邹文杰等(2014)② 运用 Hybrid DEA 模型对中国台湾 32 家银行的效率进行了测算,结合银行业的特点,选取四个投入指标,即:固定资产、存款、员工人数和资本充足率。崔春艳、孙涛(2010)③ 运用 DEA 模型对我国商业银行技术效率进行测算,结合我国商业银行发展的特点,选取的投入指标有主要支出、固定资产净值和员工人数。

赵旭(2000)④ 使用 DEA 对中、农、工、建四家国有银行 1993 – 1998 年的技术效率、规模效率进行测算,其中,劳动力、存款价格、物质资本价格作为投入指标,劳动力为当年银行的全部职工人数。

存款价格 = (利息支出 + 手续费)/存款

物质资本价格 = (固定资产折旧 + 管理成本 + 其他运营成本)/总资产

---

① 杨洋. 基于两阶段网络交叉效率模型的银行业绩效率评价 [J]. 浙江金融, 2015(6): 48 – 55.
② 邹文杰, 邱永和, 许家瑜. 台湾银行业效率评价——基于 Hybrid DEA 模型的分析 [J]. 福建师范大学学报(哲学社会科学版), 2014(6).
③ 崔春艳, 孙涛. 我国商业银行技术效率测算及实证研究 [J]. 金融教育研究, 2010, 23(2): 20 – 23.
④ 赵旭. 国有商业银行效率的实证分析 [J]. 经济科学, 2000(6).

李希义、任若恩（2004）① 用 DEA 分析法测算了 1994—2001 年我国国有商业银行的技术效率，选择的投入变量为固定资产净值、劳动力人数和存款金额。

刘孟飞、张晓岚（2013）② 使用随机前沿成本函数对 2007—2011 年我国 16 家上市银行的成本效率进行了研究，投入指标选取了银行借贷资金、劳动力价格和资本价格。其中，银行借贷资金为利息支出与贷款总额的比值、劳动力价格为劳动力成本与员工人数的比值、资本价格为管理费扣除劳动力成本后的余额与固定资产净值的比值。

芦锋、刘维奇等（2012）③ 运用 DEA 方法对我国 14 家主要商业银行 2000—2010 年的技术效率和纯技术效率进行了测度，在保证所需指标数据的可操作性和参考国内外主要代表文献后，确定本书中所要采用的投入指标包括银行的固定资产净值和银行的员工总人数。

刘星等（2010）④ 运用 DEA 方法对我国 14 家已上市的商业银行 2001—2008 年的效率进行测定，选取了可贷资金、固定资产、员工总数作为投入指标。张健华（2003）⑤ 运用 DEA 方法对我国 51 家商业银行 1997—2001 年的效率进行测定，选取了注册资本、固定资产和各项

---

① 李希义，任若恩. 国有商业银行效率变化及趋势分析 [J]. 中国软科学，2004（1）：57—61.

② 刘孟飞，张晓岚. 风险约束下的中国上市银行效率问题研究 [J]. 数量经济技术经济研究，2013（2）：33—48.

③ 芦锋，刘维奇，史金凤. 我国商业银行效率研究——基于储蓄新视角下的网络 DEA 方法 [J]. 中国软科学，2012（2）：174—184.

④ 刘星，张建斌. 我国上市商业银行成本效率和利润效率研究 [J]. 当代财经，2010（3）.

⑤ 张健华. 我国商业银行效率研究的 DEA 方法及 1997—2001 年效率的实证分析 [J]. 金融研究，2003，（3）：11—25.

支出作为投入指标。鲁志勇、于良春等（2006）① 对我国的国有四大银行 1997—2003 年的效率值进行测定时选取了 DEA 方法，并选用了存款、固定资产、注册资本、劳动力投入、分支机构数目作为投入指标。

赵昕等（2002）② 运用 DEA 方法在对四大国有商业银行和另外三家股份制银行的效率值进行测算时，选取了员工人数、营业费用率、一级资本作为投入指标。朱南等（2004）③ 运用 DEA 方法在对四大国有商业银行和 10 家股份制银行 2001—2002 年的效率值进行测算时，选取了存款总额和员工人数作为投入指标。

Tsionas 等（2003）④ 在对希腊商业银行 1993—1998 年的效率进行测算时，选择了劳动力投入、资本和存款作为投入指标。Kyj 和 Isik（2008）⑤ 利用 DEA 对乌克兰境内的 150 家商业银行 1998—2003 年的技术效率和规模效率进行了研究，按照中介法选择可贷资金、员工薪酬福利、固定资产作为投入指标。

Pasiouras（2008）⑥ 使用随机前沿方法测算了 2000—2004 年 74 个国

---

① 鲁志勇, 于良春. 基于 DEA 的国有商业银行效率变化实证研究 [J]. 开发研究, 2006 (1).

② 赵昕, 薛俊波, 殷克东. 基于 DEA 的商业银行竞争力分析 [J]. 数量经济技术经济研究, 2002 (9): 84-87.

③ 朱南, 卓贤, 董屹. 关于我国国有商业银行效率的实证分析与改革策略 [J]. 管理世界, 2004 (2): 18-26.

④ Tsionas E G, Lolos S E G, Christopoulos D K. The performance of the Greek banking system in view of the EMU: results from a non-parametric approach [J]. Economic Modelling, 2003, 20 (3): 571-592.

⑤ Kyj L, Isik I. Bank-efficiency in Ukraine: An analysis of service characteristics and ownership [J]. Journal of Economics & Business, 2008, 60 (4): 369-393.

⑥ Pasiouras F. International evidence on the impact of regulations and supervision on banks' technical efficiency: an application of two-stage data envelopment analysis [J]. Review of Quantitative Finance & Accounting, 2008.

家的 615 家商业银行的成本效率和利润效率,选取了利息支出、管理费用(扣除员工薪酬部分)、员工薪酬作为投入指标。

Mihai Cristi (2015)① 在对中欧和东欧国家的商业银行的成本效率进行分析时采用 SFA 模型进行了测算,选取了资金价格、资本价格、劳动力价格作为投入指标,其中:

资金价格 = 总利息指出/总存款额

非利息费用 = 非利息费用/总固定资产

劳动力价格 = 人工费用/总资产

Fotios Pasiouras (2006)② 使用 DEA 方法对希腊商业银行 2000 - 2004 年的经营效率进行研究,将固定资产、客户存款、短期利率、员工人数、其他利息支出、贷款损失准备金作为投入指标。Halkos 和 Salamouris (2004)③ 在评估希腊银行 1997 - 1999 年的效率时选择利息支出、总资产、雇员数量和经营支出作为投入指标。

王重润等 (2017)④ 在对 P2P 平台融资效率进行分析时,选择 P2P 平台的注册资金、上线时间、投标人数为投入指标。其中,注册资金是 P2P 平台投入的资金成本,体现了平台的资金实力。上线时间是 P2P 平台投入的时间成本,成立较早且运营时间较长的平台运营机制完善,风

---

① Mihai Nitoi, Cristi Spulbar. An Examination of Banks' Cost Efficiency in Central and Eastern Europe [J]. Procedia Economics \ s& \ sfinance, 2015 (22): 544 - 551.

② Pasiouras F. Estimating the technical and scale efficiency of Greek commercial banks: The impact of credit risk, off-balance sheet activities, and international operations [J]. Research in International Business & Finance, 2006, 22 (3): 301 - 318.

③ Halkos G E, Salamouris D S. Efficiency measurement of the Greek commercial banks with the use of financial ratios: a data envelopment analysis approach [J]. Management Accounting Research, 2004, 15 (2): 201 - 224.

④ 王重润, 孔兵. P2P 网络借贷平台融资效率及其影响因素分析——基于 DEA - Tobit 方法 [J]. 河北经贸大学学报, 2017, 38 (5): 54 - 60.

控措施比较成熟。投标人数是每单借款标的投标过程中的参与人数,反映出 P2P 平台的服务能力和市场影响力。

柏菊、黄作明(2016)① 在对五种类型的 P2P 网贷平台效率进行比较时(即风投系、银行系、国资系、上市系以及民营系),在参考国内外主要代表文献的基础上,结合数据的完整性和可得性,选取了平均利率、累计贷款余额、累计问题平台/运营平台的数据以及借款期限作为投入指标。

苏为华等(2016)② 在对浙江省 32 家网贷平台研究时,把注册资本、总借款人数作为投入指标。其中,注册资本是网络借贷平台成立最初用于业务运营的资本,在一定程度上反映了一家平台的实力以及抗风险的能力;因为 P2P 借贷以小额借贷为主,所以一个平台上借款人数越多,相应的成交额和投资人数也会越多,因此将总借款人数作为投入指标。

朱宗元等(2016)③ 在构建 P2P 网络借贷平台效率的综合评价指标体系时把注册资本和从业人数作为投入指标。骆品亮等(2017)④ 借助 DEA 模型测度我国 P2P 网贷平台 2014 - 2016 年的运营效率时选取注册资本、融资金额、员工人数、上线时长作为投入指标。

---

① 柏菊,黄作明. 不同类型的 P2P 网络借贷平台运营效率分析——基于 DEA 方法 [J]. 南京审计学院学报,2016.

② 苏为华,王景裕,刘建和. 基于 DEA 方法的浙江省 P2P 网贷平台的事中监控效率评价研究 [J]. 浙江金融,2016(4):17 - 22.

③ 朱宗元,王景裕. P2P 网络借贷平台效率的综合评价——基于 AHP - DEA 方法 [J]. 南方金融,2016(4):31 - 38.

④ 骆品亮,丁岚. 我国 P2P 网贷平台运营效率及其影响因素 [J]. 上海金融,2017(8):45 - 53.

二、互联网金融品牌产出指标研究综述

张婷婷（2018）[①] 同样利用 DEA 法来测算商业银行效率，为了符合银行经营特征来准确测量银行效率，选取贷款总额和其他营利性资产作为产出变量。王金祥等（2005）[②] 为了测量商业银行效率也采用超效率 DEA 评价模型，结合商业银行的经营模式、指标选取原则，将期内存款总额、期内贷款总额、期内利润总额作为产出指标。

杨洋（2015）[③] 利用改进的两阶段网络 DEA 法测算了商业银行效率，结合商业银行经营特点选取了符合可比性、可获得性等原则的指标，将净利润、所得税费用、营业税金及附加作为产出指标。邹文杰等（2014）[④] 运用 Hybrid DEA 模型对中国台湾 32 家银行效率进行测算，结合银行业的特点，选取的产出指标为投资、放款、其他收入。

崔春艳、孙涛（2010）[⑤] 运用 DEA 模型对我国商业银行技术效率进行测算，结合我国商业银行发展特点，选取的产出指标包括税前利润、净贷款、投资。赵旭（2000）[⑥] 使用 DEA 法对中、农、工、建四家国有银行 1993－1998 年的技术效率、规模效率进行了测算，其中，

[①] 张婷婷. 互联网金融背景下我国商业银行效率研究——基于存款视角的网络 DEA 方法 [J]. 知识经济, 2018 (8).

[②] 王金祥, 吴育华, 刘俊城. 基于超效率评价模型的银行效率测算研究 [J]. 河北建筑科技学院学报：自然科学版, 2005, 22 (1)：57－60.

[③] 杨洋. 基于两阶段网络交叉效率模型的银行业绩效率评价 [J]. 浙江金融, 2015 (6)：48－55.

[④] 邹文杰, 邱永和, 许家瑜. 台湾银行业效率评价——基于 Hybrid DEA 模型的分析 [J]. 福建师范大学学报（哲学社会科学版）, 2014 (6).

[⑤] 崔春艳, 孙涛. 我国商业银行技术效率测算及实证研究 [J]. 金融教育研究, 2010, 23 (2)：20－23.

[⑥] 赵旭. 国有商业银行效率的实证分析 [J]. 经济科学, 2000 (6).

将银行的存款总额、贷款总额、利润总额作为银行的产出指标。

李希义、任若恩（2004）① 用 DEA 分析法测算了 1994—2001 年我国国有商业银行的技术效率，选择的产出指标为利息收入、非利息收入、证券及投资金额。刘孟飞、张晓岚（2013）② 使用随机前沿成本函数对 2007—2011 年我国 16 家上市银行的成本效率进行了研究，选择贷款、除贷款以外的其他营利性资产作为产出指标。芦锋等（2012）③ 运用 DEA 方法对我国 14 家主要商业银行 2000—2010 年的技术效率和纯技术效率进行了测度，他们选取的产出指标包括贷款总额和其他营利性资产总额。

刘星等（2010）④ 运用 DEA 方法对我国 14 家已上市的商业银行 2001—2008 年的效率进行测定，选取了贷款额、投资支出、中间业务投入作为产出指标。

张健华（2003）⑤ 运用 DEA 方法对我国 51 家商业银行 1997—2001 年的效率进行测定，选取了存款额、贷款额和利润作为产出指标。

鲁志勇、于良春（2006）⑥ 在对我国国有四大银行 1997—2003 年的效率值进行测定时选取了 DEA 方法，并选用了贷款额、投资、净利

---

① 李希义，任若恩. 国有商业银行效率变化及趋势分析 [J]. 中国软科学，2004 (1)：57-61.

② 刘孟飞，张晓岚. 风险约束下的中国上市银行效率问题研究 [J]. 数量经济技术经济研究，2013 (2)：33-48.

③ 芦锋，刘维奇，史金凤. 我国商业银行效率研究——基于储蓄新视角下的网络 DEA 方法 [J]. 中国软科学，2012 (2)：174-184.

④ 刘星，张建斌. 我国上市商业银行成本效率和利润效率研究 [J]. 当代财经，2010 (3).

⑤ 张健华. 我国商业银行效率研究的 DEA 方法及 1997—2001 年效率的实证分析 [J]. 金融研究，2003 (3)：11-25.

⑥ 鲁志勇，于良春. 基于 DEA 的国有商业银行效率变化实证研究 [J]. 开发研究，2006 (1).

润作为产出指标。赵昕等（2002）① 运用 DEA 方法在对四大国有商业银行和另外三家股份制银行的效率值进行测算时，选取了资产利润率、利润作为产出指标。朱南等（2004）② 运用 DEA 方法在对四大国有商业银行和十家股份制银行 2001—2002 年的效率值进行测算时，选取了利润、税费、净贷款作为产出指标。

Tsionas 等（2003）③ 对希腊商业银行 1993—1998 年的效率进行测算时，选择了贷款额、投资额和流动资金作为产出指标。Kyj 和 Isik（2008）④ 利用 DEA 对乌克兰境内的 150 家商业银行 1998—2003 年的技术效率和规模效率进行了研究，按照中介法选择贷款（扣除不良贷款）、证券投资作为产出指标。

Pasiouras（2006）⑤ 使用 DEA 方法对希腊商业银行 2000—2004 年的经营效率进行研究，将净利息收入、其他收益资产、非利息收入作为产出指标。Halkos 和 Salamouris（2004）⑥ 在评估希腊银行 1997—1999

---

① 赵昕，薛俊波，殷克东. 基于 DEA 的商业银行竞争力分析［J］. 数量经济技术经济研究，2002，19（9）：84-87.

② 朱南，卓贤，董屹. 关于我国国有商业银行效率的实证分析与改革策略［J］. 管理世界，2004（2）：18-26.

③ Tsionas E G, Lolos S E G, Christopoulos D K. The performance of the Greek banking system in view of the EMU: results from a non–parametric approach［J］. Economic Modelling, 2003, 20（3）: 571-592.

④ Kyj L, Isik I. Bank–efficiency in Ukraine: An analysis of service characteristics and ownership［J］. Journal of Economics & Business, 2008, 60（4）: 369-393.

⑤ Pasiouras F. Estimating the technical and scale efficiency of Greek commercial banks: The impact of credit risk, off-balance sheet activities, and international operations［J］. Research in International Business & Finance, 2006, 22（3）: 301-318.

⑥ Halkos G E, Salamouris D S. Efficiency measurement of the Greek commercial banks with the use of financial ratios: a data envelopment analysis approach［J］. Management Accounting Research, 2004, 15（2）: 201-224.

年的效率时选择利息收入和净利润作为产出指标。Pasiouras（2008）①使用随机前沿方法测算了 2000–2004 年 74 个国家的 615 家商业银行的成本效率和利润效率，选取了贷款、其他盈利资产、存款作为产出指标。Mihai Cristi（2015）② 在对中欧和东欧国家的商业银行的成本效率进行分析时采用 SFA 模型进行测算，选取了总贷款额和总证券数额作为产出指标。

王重润等（2017）③ 在对 P2P 平台融资效率进行分析时认为产出指标是 P2P 平台运用现有资源和经营投入所实际产生的成果，主要体现在借款标的的成交情况上，包括满标时间、借款利率和借款利率。满标时间是借款者发布借款标的到筹满资金所用的时间，满标时间越短，代表融资效率越高。借款利率代表了资金使用权让渡的价格，是借款者的融资成本。融资成本（借款利率）越低，代表其融资效率越高。借款金额是融资过程中资金量的体现，能获得较大量的融资规模是效率的体现。

柏菊、黄作明（2016）④ 在对五种类型的 P2P 网贷平台效率进行比较时（即风投系、银行系、国资系、上市系以及民营系）在参考国内外主要代表文献的基础上，结合数据的完整性和可得性，选取了成交

---

① Pasiouras F. International evidence on the impact of regulations and supervision on banks' technical efficiency: an application of two-stage data envelopment analysis [J]. Review of Quantitative Finance & Accounting, 2008.

② Mihai Nioi, Cristi Spulbar. An Examination of Banks' Cost Efficiency in Central and Eastern Europe [J]. Procedia Economics \ s& \ sfinance, 2015 (22): 544–551.

③ 王重润, 孔兵. P2P 网络借贷平台融资效率及其影响因素分析——基于 DEA-Tobit 方法 [J]. 河北经贸大学学报, 2017, 38 (5): 54–60.

④ 柏菊, 黄作明. 不同类型的 P2P 网络借贷平台运营效率分析——基于 DEA 方法 [J]. 南京审计学院学报, 2016, 13 (3): 87–95.

额、投资人数和借款人数作为产出指标。苏为华等（2016）① 在对浙江省 32 家网贷平台研究时，把总成交额、投资人数作为产出指标。其中，总成交额有效衡量了一家平台匹配资金的能力，总成交额越大，平台匹配能力也就越强。总投资人数则与总借款人数相对应，所以作为产出指标。

朱宗元等（2016）② 在构建 P2P 网络借贷平台效率的综合评价指标体系时，从成交能力、人气活跃度、潜在风险三个方面选择产出指标。平台的成交能力指标由总成交额、总成交额、人均出借金额、人均借款金额、平均满标时间组成，它是衡量平台运行效率的核心指标；人气指标由总借款人数、总出借人数、人均借款次数、人均出借次数、人气指数构成，它能够反映出借人和借款人对网络借贷平台的认可程度。由于 P2P 网络借贷兼具互联网和金融两种属性，这方面的指标能够体现其互联网属性和平台的用户黏性，构成平台效率提升的基础；潜在风险指标由借款分散度、出借分散度、贷款余额构成，因为 P2P 网络借贷平台的借贷服务对象通常是被传统金融机构筛选之后的"长尾"客户，所以其风险水平不容忽视。在互联网金融粗放式发展的背景下，P2P 网络借贷平台的风险控制能力对其是否能长期生存和可持续经营至关重要。骆品亮等（2017）③ 借助 DEA 模型测度我国 P2P 网贷平台 2014－2016 年的运营效率时选取借款人数量、投资人数量、成交

---

① 苏为华，王景裕，刘建和．基于 DEA 方法的浙江省 P2P 网贷平台的事中监控效率评价研究 [J]．浙江金融，2016（4）：17－22．

② 朱宗元，王景裕．P2P 网络借贷平台效率的综合评价——基于 AHP－DEA 方法 [J]．南方金融，2016（4）：31－38．

③ 骆品亮，丁岚．我国 P2P 网贷平台运营效率及其影响因素 [J]．上海金融，2017（8）：45－53．

额作为产出指标。

综上所述，互联网金融投入指标主要由固定资产、员工人数、存款总额和注册资本构成。互联网金融产出指标主要由存款总额、平台企业利润、平台企业投资额和平台企业成交额构成。由此可以概括出互联网金融投入产出指标体系，见表5-1。

表5-1　　　　互联网金融效率的投入产出指标体系

指标体系			
投入指标	固定资产	张晓岚（2013）；张婷婷（2018）；张健华（2003）；邹文杰等（2014）；孙涛（2010）；任若恩（2004）；Isik（2008）；刘维奇等（2012）；刘星（2010）；Fotios Pasiouras（2006）	
	员工人数	张晓岚（2013）；张婷婷（2018）；王金祥（2005）；邹文杰等（2014）；孙涛（2010）；赵旭（2000）；任若恩（2004）；Salamouris（2004）；刘维奇等（2012）；Fotios Pasiouras（2006）；刘星（2010）；赵昕（2002）	
	存款总额	张晓岚（2013）；于良春（2006）；朱南等（2004）；邹文杰等（2014）；任若恩（2004）；Fotios Pasiouras（2006）	
	注册资本	张健华（2003）；于良春（2006）；赵昕（2002）；骆品亮（2017）；王重润（2017）；苏为华（2016）；朱宗元（2016）	
产出指标	贷款总额	张婷婷（2018）；王金祥（2005）；邹文杰等（2014）；孙涛（2010）；赵旭（2000）；张晓岚（2013）；Isik（2008）；Pasiouras（2008）；Cristi Spulbar（2015）；Tsionas（2003）；刘星（2010）；张健华（2003）；于良春（2006）；朱南等（2004）；王重润（2017）；朱宗元（2016）	
	企业利润	杨洋（2015）；孙涛（2010）；Salamouris（2004）；王金祥等（2005）；赵旭（2000）；张健华（2003）；于良春（2006）；赵昕（2002）；朱南等（2004）	
	投资额	邹文杰等（2014）；孙涛（2010）；任若恩（2004）；Isik（2008）；Cristi Spulbar（2015）	
	成交额	黄作明（2016）；朱宗元（2016）；骆品亮（2017）	

第六章
品牌强度的指标筛选及模型建构

指标是用来具体测量研究变量特性的手段,同一研究变量可以根据研究需要用若干指标来代表。互联网金融品牌同样可以用具体的研究变量来定性测量。由研究文献综述可见,互联网金融品牌可以用人文因素、技术因素和商业因素测量,三大因素又包含了许多具体变量。确定互联网金融品牌强度研究变量是构建其研究模型的基础。

第一节 互联网金融品牌强度指标筛选

我国的互联网金融行业主要由网络借贷信息中介机构（又称互联网金融门户）、存管人、出借人和借款人组成。所谓网络借贷信息中介机构，是指依法设立专门从事网络借贷信息中介业务活动的金融信息中介公司。所谓存管人，就是为网络借贷业务提供资金存管服务的商业银行。网络借贷信息中介机构虽然形式多样，但是，总体上可以将其分为5种类型，即P2P网贷类门户、信贷类门户、保险类门户、理财类门户和综合类门户。由于本课题的数据与上海网贷之家合作，本书选择网贷类门户企业进行研究。

品牌强度是构筑品牌形象的重要基础，互联网金融品牌形象由一系列要素构成（乔均，2016）[①]，构建互联网金融品牌强度测定模型，首先要筛选出互联网金融品牌强度构成的各个要素。由第二章、第三章、第四章和第五章文献研究综述，我们可以概括出互联网金融品牌强度研究的基本要素（见表6-1）。

---

① 乔均. 互联网金融企业品牌形象度量研究 [J]. 南京社会科学，2016 (11)：23-28.

表 6-1　互联网金融强度品牌要素体系构成表

一级指标	二级指标	三级指标	指标来源
互联网金融品牌强度	人文因素	品牌认知偏好	Kamins 和 Marks（1991）
		人气度	赵月旺（2006）；乔均（2017）
		品牌知名度	Aaker（1991）；Keller（1993）；Steenkamp（2010）
		品牌个性	Aaker（1997）；Ryckman（2007）
		品牌满意度	查金祥，王立生（2006）；白云（2014）
		社会责任履行	乔海曙，王惟希，莫莎（2013）；Lichtenstein 等（2004）
		社会道德	Homayoun, Rahman, Johansson（2012）；郭纹廷，王文峰（2015）；周昌发，李京霖（2014）；陈珑中，郝秀军（2015）
		法律法规	刘宪权，金华捷（2014）；曹涌涛，王建萍（2008）；贾其容（2013）
	技术因素	有用性	杨翱（2016）；Akinci（2010）
		易用性	董大海等（2013）；杨翱（2016）；郭红丽、王晶（2013）；邱均平（2015）；Im I（2008）；Pento（2003）
		透明度	刘志洋（2016）；许婷（2013）；沈良辉、陈莹（2014）
		分散度	Yang 等（2015）；Yoon（2013）
		账户安全	乔均（2016）；George（2014）；Loureiro（2013）
		数据传输安全	Yu Lung Wu 等（2012）；Riza Emekter 等（2015）
	商业因素	营销能力	乔均（2013）；宋绍富（2012）；傅彦铭（2015）

续表

一级指标	二级指标	三级指标	指标来源
互联网金融品牌强度	商业因素	成交额	杨洋（2013）；魏晓聪（2016）；郭海凤（2015）
		成长性	沈悦、郭品（2015）；渊博、朱顺林（2014）
		运营成本	汪渝（2013）；曹廷贵（2015）；杨凤（2015）；周荣森（2015）
		平均收益率	Venkatraman（1989）；郭新有（2005）；姜明生（2009）；王曼舒（2013）
		资金杠杆率	银监发〔2011〕44号
		资金净流入量	银监发〔2011〕44号

第二节 互联网金融品牌要素权重赋值

互联网金融品牌模型要素赋值采用模糊综合评价法。该方法通过构造等级模糊子集把反映被评事物的模糊指标进行量化（即确定隶属度），然后利用模糊变换对各项指标综合计算。为此：

一、确定评价对象的因素论域

P 个评价指标，$u = \{u_1, u_2, \cdots, u_p\}$。

二、确定评语等级论域

$v = \{v_1, v_2, \cdots, v_p\}$，即等级集合。每一个等级可对应一个模糊子集。

三、建立模糊关系矩阵 R

在构造了等级模糊子集后,要逐个对被评事物从每个因素 u_i ($i=1,2,\cdots,p$) 上进行量化,即确定从单因素来看被评事物对等级模糊子集的隶属度 $(R\mid u_i)$,进而得到模糊关系矩阵:

$$R = \begin{bmatrix} R\mid u_1 \\ R\mid u_2 \\ \cdots \\ R\mid u_p \end{bmatrix} = \begin{bmatrix} r_{11} & r_{12} & \cdots & r_{1m} \\ r_{21} & r_{22} & \cdots & r_{2m} \\ \cdots & \cdots & \cdots & \cdots \\ r_{p1} & r_{p2} & \cdots & r_{pm} \end{bmatrix}_{p.m}$$

矩阵 R 中第 i 行第 j 列元素 r_{ij},表示某个被评事物从因素 u_i 来看对 v_j 等级模糊子集的隶属度。一个被评事物在某个因素 u_i 方面的表现,是通过模糊向量 $(R\mid u_i) = (r_{i1}, r_{i2}, \cdots, r_{im})$ 来刻画的,而在其他评价方法中多是由一个指标实际值来刻画的,因此,从这个角度讲,模糊综合评价要求更多的信息。

四、确定评价因素的权向量

在模糊综合评价中,确定评价因素的权向量:$A = (a_1, a_2, \cdots, a_p)$。权向量 A 中的元素 a_i 本质上是因素 u_i 对模糊子{对被评事物重要的因素}的隶属度。一般情况下,使用层次分析法来确定评价指标间的相对重要性次序。从而确定权系数,并且在合成之前归一化,即 $\sum_{i=1}^{p} a_i = 1, a_i \geq 0, i = 1,2,\cdots,n$。

五、合成模糊综合评价结果向量

利用合适的算子将 A 与各被评事物的 R 进行合成,得到各被评事物的模糊综合评价结果向量 B。即：

$$A \circ R = (a_1, a_2, \cdots, a_p) \begin{bmatrix} r_{11} & r_{12} & \cdots & r_{1m} \\ r_{21} & r_{22} & \cdots & r_{2m} \\ \cdots & \cdots & & \cdots \\ r_{p1} & r_{p2} & \cdots & r_{pm} \end{bmatrix}$$

$$= (b_1, b_2, \cdots, b_m) = B$$

其中，b_j 是由 A 与 R 的第 j 列运算得到的，它表示被评事物从整体上看对 v_j 等级模糊子集的隶属程度。

要素模糊综合评价前，首先要对实证研究的品牌进行3个一级指标和12个二级指标的权重进行确定。权重确定采用 AHP（Analytic Hierarchy Process）法。对实证研究品牌的目标层、准则层和指标代码指标层设定后，利用数学方法确定全部元素相对重要性次序的权系数。求权重是模糊综合评价的关键。为此：

（1）确定目标和评价因素。P 个评价指标，$u = \{u_1, u_2, \cdots, u_p\}$。

（2）构造判断矩阵。判断矩阵元素的值反映了人们对各元素相对重要性的认识，一般采用 1-9 及其倒数的标度方法。但当相互比较因素的重要性能够用具有实际意义的比值说明时，判断矩阵相应元素的值则取这个比值，即得到判断矩阵 $S = (u_{ij})_{p \times p}$。

（3）计算判断矩阵。用 Mathematica 软件计算判断矩阵 S 的最大特征根 $\lambda_{\max}$，及其对应的特征向量 A，此特征向量就是各评价因素的重要性排序，即是权系数的分配。

（4）一致性检验。为进行判断矩阵的一致性检验，需计算一致性指标 $CI = \dfrac{\lambda_{\max} - n}{n - 1}$，平均随机一致性指标 RI。当随机一致性比率 $CR =$

$\dfrac{CI}{RI}$ <0.10 时，认为层次分析排序的结果有满意的一致性，即权系数的分配是合理的；否则，要调整判断矩阵的元素取值，重新分配权系数的值。金融品牌强度要素权重赋值情况见表 6-2。

表 6-2　　　　　　　　金融品牌强度要素权重赋值

一级指标	二级指标	二级权重	三级指标	三级权重	三级总权重
互联网金融品牌强度	人文因素	0.311	品牌认知偏好	0.024	0.007
			人气度	0.435	0.135
			品牌知名度	0.066	0.021
			品牌个性	0.236	0.073
			品牌忠诚度	0.117	0.036
			社会责任履行	0.098	0.030
			自我效能	0.024	0.007
	技术因素	0.196	有用性	0.047	0.009
			易用性	0.101	0.020
			透明度	0.319	0.062
			分散度	0.272	0.053
			账户安全	0.172	0.034
			数据传输安全	0.089	0.017
	商业因素	0.493	营销能力	0.037	0.018
			成交额	0.372	0.184
			平均收益率	0.308	0.152
			资金杠杆度	0.142	0.070
			资金净流入量	0.141	0.070

删除权重影响较小的互联网金融品牌要素，共计留下 13 个互联网品牌强度的计算指标，如表 6-3 所示。

表 6-3　　　　　　　互联网金融强度品牌要素体系

一级指标	二级指标	二级权重	三级指标	三级权重	三级总权重
互联网金融品牌强度	人文因素	0.301	品牌个性（专业化程度+会员数）	0.242	0.073
			品牌知名度（人气度+社会认知度）	0.485	0.146
			网络满意度	0.171	0.051
			社会责任履行（道德、法律）	0.102	0.031
	技术因素	0.216	易用性	0.301	0.065
			安全性	0.355	0.077
			透明性	0.250	0.054
			隐私性	0.094	0.020
	商业因素	0.483	成交额	0.150	0.072
			平均收益率	0.282	0.136
			杠杆性	0.161	0.078
			流动性	0.200	0.097
			分散度（资产质量）	0.207	0.100

第三节　互联网金融品牌强度模型建构

互联网金融品牌强度不是靠单一要素作用，也不是靠各个要素作用的简单相加，而是靠各构成要素进行科学的加权平均。互联网金融品牌强度评价指标体系由人文因素、技术因素、商业因素3个一级指标、13

个二级指标构成。各大指标之间相互联系、相互依赖、相互制约、相互作用,进而构成了一个互联网金融品牌强度的综合分析。孤立地强调或限制任何一个要素都不能完整地、准确地体现和评价一个互联网金融平台的综合实力。因此,怎样根据评价指标体系把 13 个指标值综合起来,采用何种方法科学地解决各个指标权重问题和指标量化问题,对品牌强度的评价至关重要。综合权衡各测评方法,本课题将加权和模糊隶属度函数法确定为互联网金融品牌强度评价的有效方法。

采用加权和模糊隶属度函数模型构建互联网金融品牌强度评价模型,需要解决两个关键性问题:一是科学确定各指标的权重,本报告已采用评价指标体系权重赋值的 AHP 模型。二是科学地进行指标的无量纲处理,使其量纲、表现形式以及与总目标的作用趋向彼此不同的指标之间具有可比性,进而进行互联网金融品牌强度评价模型的构建。由于评价指标体系中全是正向指标,本课题采用模糊隶属度函数法中的半升梯形模糊隶属度函数对各指标的实际数据进行标准化。半升梯形模糊隶属度函数为:

$$\Phi_{(e_{ij})} = \frac{e_{ij} - m_j}{M_j - m_j} = \begin{cases} 1, & e_{ij} = M_j \\ \frac{e_{ij} - m_j}{M_j - m_j}, & m_j < e_{ij} < M_j \\ 0, & e_{ij} = m_j \end{cases}$$

其中,e_{ij} 为第 i 个地区第 j 个指标的具体属性值,($i = 1, 2, \cdots, m$,代表参与评价的地区个数;$j = 1, 2, \cdots, 64$,代表指标个数);M_j 和 m_j 分别代表第 j 个指标最大值与最小值;$\Phi_{(e_{ij})}$ 代表指标隶属度,其值介于 0 – 1 之间。量化值消除了量纲影响,使不同指标之间有了可比性,某指标的模糊量化值 $\Phi_{(e_{ij})}$ 越大,表明该项指标的实际数值接近最大值 M_j 的程度越深;量化值与其相应权数的乘积越大,表示该项指标的数值对总目标的贡献就越大；量化值与 1 之间的差，即为该项指标与最大指标或"先进指标"水平之间的差距和不足。

指标权重和量化值确定以后，采用以下公式计算互联网金融品牌强度：

$$f(i) = \sum_{j=1}^{13} \Phi_{(e_{ij})} \cdot w_j$$

w_j 表示第 j 个指标的权重，$\Phi_{(e_{ij})}$ 表示第 j 个指标的模糊隶属度函数值。

最后根据计算出来的 f(1)，f(2)，…，f(n) 进行排序，就得到了 36 家互联网金融平台品牌强度的综合得分和排名。

根据对比矩阵的处理结果，根据 13 个二级指标的权重，即可对互联网金融品牌强度进行计算。

第四节 互联网金融平台效率模型建构

本研究选择 DEA 法的 CCR 模型对 36 家样本平台的效率进行测算。DEA 主要有两个基本模型，分别是 CCR 和 BCC 模型。其中，CCR 模型是 DEA 方法最基本的模型，它作为 DEA 方法的第一个模型，于 1978 年由 Charnes、Cooper 和 Rhodes 提出，用来判断各个决策单元之间投入和产出的相对有效性。在研究多投入－多产出的决策单元时，从生产函数角度，CCR 模型是同时考虑规模有效和技术有效的非常理想的分析方法。

一、DEA 方法原理与 CCR 模型

数据包络分析（Data Envelopment Analysis，DEA）是由著名运筹学家 Charnes、Cooper 和 Rhodes 于 1978 年提出的，它以相对效率概念为基础，以凸分析和线性规划为工具，计算比较具有相同类型的决策单元（Decision Making Unit，DMU）之间的相对效率，依此对评价对象做出评价。DEA 方法一出现，就以其独特的优势而受到众多学者的青睐，现已被应用于各个领域的绩效评价中。

DEA 方法的基本原理是：设有 n 个决策单元 DMU_j（$j=1,2,\cdots,n$），它们的投入、产出向量分别为：$X_j=(x_{1j}, x_{2j}, \cdots, x_{mj})^T>0$；$Y_j=(y_{1j}, y_{2j}, \cdots, y_{sj})^T>0$，$j=1,\cdots,n$。由于在生产过程中各种投入和产出的地位与作用各不相同，要对 DMU 进行评价，就必须对它的投入和产出进行"综合"，即把它们看作只有一个投入总体和一个产出总体的生产过程，这样就需要赋予每个投入和产出恰当的权重。假设投入、产出的权向量分别为 $v=(v_1, v_2, \cdots, v_m)^T$ 和 $u=(u_1, u_2, \cdots, u_s)^T$，就可以获得如下的定义。

定义 1 称 $\theta_j = \dfrac{u^T Y_j}{v^T X_j} = \dfrac{\sum_{r=1}^{s} u_r y_{rj}}{\sum_{i=1}^{m} v_i x_{ij}}$，$(j=1,2,\cdots,n)$ 为第 j 个决策单元 DMU_j 的效率评价指数。

根据定义可知，我们总可以选取适当的权向量使得 $\theta_j \leqslant 1$。如果想了解某个决策单元，假设 DMU_o（$o \in \{1, 2, \cdots, n\}$）在这 n 个决策单元中相对是不是"最优"的，可以考察当 u 和 v 尽可能地变化时，θ_o 的最大值究竟为多少？为了测得 θ_o 的值，Charnes 等人于 1978 年提出了如下的 CCR（三位作者名字首字母缩写）模型：

$$Maximize \quad \frac{\sum_{r=1}^{s} u_r y_{ro}}{\sum_{i=1}^{m} v_i x_{io}} = \theta_o$$

$$subject\ to \quad \frac{\sum_{r=1}^{s} u_r y_{rj}}{\sum_{i=1}^{m} v_i x_{ij}} \leq 1, j = 1,2,\cdots,n$$

$$u_r \geq 0, v_i \geq 0, \forall r,i \qquad (1)$$

利用 Charnes 和 Cooper (1962) 提出的分式规划的 Charnes – Cooper 变换: $t = 1/\sum_{i=1}^{m} v_i x_{io}$, $\mu_r = tu_r$, $(r=1, \cdots, s)$, $\omega_i = tv_i$, $(i=1, \cdots, m)$, 变换后我们可以得到如下的线性规划模型:

$$Maximize \quad \sum_{r=1}^{s} \mu_r y_{ro} = \theta_o$$

$$subject\ to \quad \sum_{i=1}^{m} \omega_i x_{io} = 1 \qquad (2)$$

$$\sum_{r=1}^{s} \mu_r y_{rj} - \sum_{i=1}^{m} \omega_i x_{ij} \leq 0, j = 1,\cdots,n$$

$$\mu_r, \omega_i \geq 0, r = 1,\cdots,s; i = 1,\cdots,m$$

根据线性规划的相关基本理论,可知模型(2)的对偶问题表达形式为:

$$Minimize \quad \theta_o$$

$$subject\ to \quad \sum_{j=1}^{n} x_{ij} \lambda_j \leq \theta_o x_{io}, i = 1,2,\cdots,m$$

$$\sum_{j=1}^{n} y_{rj} \lambda_j \geq y_{ro}, r = 1,2,\cdots,s$$

$$\lambda_j \geq 0, j = 1,2,\cdots,n \qquad (3)$$

上述的模型是基于所有决策单元中"最优"的决策单元作为参照对象，从而求得的相对效率都是小于等于1的。模型（2）或者（3）将被求解 n 次，每次可得一个决策单元的相对效率。模型（3）的经济含义是：为了评价 DMU_o（$o \in \{1, 2, \cdots, n\}$）的绩效，可以用一组假想的组合决策单元与其进行比较。模型（3）的第一和第二个约束条件的右端项分别是这个组合决策单元的投入和产出。从而模型（3）意味着，如果所求出的效率最优值小于1，则表明可以找到这样一个假想的决策单元，它可以用少于被评价决策单元的投入来获取不少于该单元的产出，即表明被评价的决策单元为非 DEA 有效。当效率值为1时，决策单元为 DEA 有效。有关 DEA 有效可根据松弛变量是否都为零，还可以进一步分为弱 DEA 有效与 DEA 有效两类。即通过考察如下模型中的 s_i^-（$i=1, \cdots, m$）与 s_r^+（$r=1, \cdots, s$）的值来判别。

$$\begin{aligned}
& Minimize \ \theta_o - \varepsilon \left(\sum_{i=1}^{m} s_i^- + \sum_{r=1}^{s} s_r^+ \right) \\
& subject \ to \ \sum_{j=1}^{n} x_{ij} \lambda_j + s_i^- = \theta_o x_{io}, i = 1, \cdots, m \\
& \sum_{j=1}^{n} y_{rj} \lambda_j - s_r^+ = y_{ro}, r = 1, \cdots, s \\
& \lambda_j, s_i^-, s_r^+ \geq 0, \forall i, j, r
\end{aligned} \quad (4)$$

其中，ε 为非阿基米德无穷小量。

根据上述模型给出被评价决策单元 DMU_o（$o \in \{1, 2, \cdots, n\}$）有效性的定义：

定义 3. 若模型（4）的最优解满足 $\theta_o^* = 1$，则称 DMU_o 为弱 DEA 有效。

定义 4. 若模型（4）的最优解满足 $\theta_o^* = 1$，且有 $s_i^- = 0$、$s_r^+ = 0$ 成

立，则称 DMU_o 为 DEA 有效。

定义 5. 若模型（4）的最优解满足 $\theta_o^* < 1$，则称 DMU_o 为非 DEA 有效。

对于非 DEA 有效的决策单元，有三种方式可以将决策单元改进为有效决策单元：保持产出不变，减少投入；保持投入不变，增大产出；减小投入的同时也增大产出。CCR 模型容许 DMU 在减小投入的同时也增大产出。对于 CCR 模型，可以通过如下投影的方式将其投向效率前沿面，从而投影所得的点投入产出组合即为 DEA 有效。

$$\hat{x}_{io} = \theta_o^* x_{io} - s_i^{-*} = x_{io} - (1-\theta_o^*) x_{io} - s_i^{-*} \leqslant x_{io}, i=1,\cdots,m$$

$$\hat{y}_{ro} = y_{ro} + s_r^{+*} \geqslant y_{ro}, r=1,\cdots,s$$

上述投影所得值与原始投入产出值之间的差异，即为被评价决策单元欲达到有效应改善的数值，设投入的变化量为 Δx_{io}，产出的变化量为 Δy_{ro}，则：

$$\Delta x_{io} = x_{io} - \hat{x}_{io} = x_{io} - (\theta_o^* x_{io} - s_i^{-*}), i=1,\cdots,m$$

$$\Delta y_{ro} = \hat{y}_{ro} - y_{ro} = (y_{ro} + s_r^{+*}) - y_{ro}, r=1,\cdots,s$$

二、BCC 模型

CCR 模型是假设生产过程属于固定规模收益，即当投入量以等比例增加时，产出量应以等比增加。然而，实际的生产过程亦可能属于规模报酬递增或者规模报酬递减的状态。为了分析决策单元的规模报酬变化情况，Banker、Charnes 与 Cooper 以生产可能集的四个公理以及 Shepard 距离函数为基础，在 1984 年提出了一个可变规模收益的模型，后来被称为 BCC 的模型。线性形式的 BCC 模型可表示为：

$$Maximize \sum_{r=1}^{s} \mu_r y_{ro} - u_o$$

$$subject\ to\quad \sum_{i=1}^{m}\omega_i x_{io} = 1$$

$$\sum_{r=1}^{s}\mu_r y_{rj} - \sum_{i=1}^{m}\omega_i x_{ij} - u_o \leqslant 0, j = 1, \cdots, n$$

$$\mu_r, \omega_i \geqslant 0, r = 1, \cdots, s; i = 1, \cdots, m \quad (5)$$

含松弛变量形式的 BCC 对偶模型:

$$Maximize\theta_o - \varepsilon(\sum_{i=1}^{m} s_i^- + \sum_{r=1}^{s} s_r^+)$$

$$subject\ to\ \sum_{j=1}^{n} x_{ij}\lambda_j + s_i^- = \theta_o x_{io}, i = 1, \cdots, m$$

$$\sum_{j=1}^{n} y_{rj}\lambda_j - s_r^+ = y_{ro}, r = 1, \cdots, s$$

$$\sum_{j=1}^{n} \lambda_j = 1$$

$$\lambda_j, s_i^-, s_r^+ \geqslant 0, \forall i, j, r \quad (6)$$

其中,ε 为非阿基米德无穷小量。根据 BCC 模型中 u_o 的取值大小,Banker 和 Thrall (1992) 提出如下判别方法来判断模型 (5) 的规模收益。

定理 1 假设含有投入产出组合 (x_o, y_o) 的 DMU_o 是有效的,那么下面的条件可以判别模型 (1) 之下 DMU_o 的规模收益:

(i) 对于投入产出组合 (x_o, y_o) 规模收益不变,当且仅当在某个最优解情况下有 $u_o^* = 0$;

(ii) 对于投入产出组合 (x_o, y_o) 规模收益递增,当且仅当在所有最优解情况下都有 $u_o^* < 0$;

(iii) 对于投入产出组合 (x_o, y_o) 规模收益递减,当且仅当在所有最优解情况下都有 $u_o^* > 0$。

其中,u_o^* 代表模型 (5) 中的最优解。

运用 DEA 方法评价效率的益处：

（1）DEA 方法可用于多项投入与多项产出的效率评估。与以往仅能够处理单项产出的效率评估方法不同，该方法能够处理多投入与多产出，而且无须构建生产函数对参数进行估计。

（2）DEA 方法不受投入产出量纲的影响。DEA 方法不会因为计量单位的不同而影响最终的效率评估结果，只要所有 DMU 使用相同的计量单位，仍然能够求出效率值。

（3）DEA 方法以综合指标评价效率。该指标代表资源使用的情况，适合描述全要素生产效率状况，并且可对 DMU 之间的效率作出比较。

（4）DEA 方法中的权重不受人为主观因素的影响。该方法中的权重由数学规划产生，不需预先赋予权重值，对 DMU 的评价相对比较公平。

（5）DEA 方法对非效率的 DMU 提出改善的方向。DEA 方法通过对松弛变量的分析，可进一步了解非效率 DMU 资源使用状况，并对其非效率的资源提出改进的方向和大小，从而为决策者提供改善效率的途径。

第七章
互联网金融品牌强度的测定与分析

从财务角度看品牌强度可以用品牌市场占有率衡量。打造品牌强度有助于提升品牌竞争力,有助于降低消费者知觉风险的能力。特别是互联网金融行业,有较高知觉品质的品牌相对于较低知觉品质的品牌,能提供风险舒缓的空间,因此,较能刺激小额投资的试验性购买。本章的品牌强度是集人文、技术和商业于一体的品牌综合指数。

第一节 互联网金融企业的品牌强度计算

一、36家网贷平台企业品牌强度均值测算

上海网贷之家提供了平台上36家互联网金融门户企业2015年2月至2017年12月期间的运营数据,利用已构建的品牌强度计算模型,可以计算出36家网贷平台上互联网金融门户企业35个月的品牌强度的平均值。尽管同一网贷平台各家公司的业务具有一致性,但是,由于各家平台运营效率不同,各家平台的市场表现有很大差异性。依据品牌强度计算模型计算出的36家企业品牌强度的均值如表7-1所示。

表7-1　　　　　网贷平台36家企业品牌强度均值表

1	宜人贷	0.671	13	果树财富	0.449	25	汇盈金服	0.360
2	人人贷	0.623	14	广信贷	0.442	26	合力贷	0.360
3	有利网	0.617	15	小牛在线	0.422	27	e路同心	0.358
4	微贷网	0.608	16	恒信易贷	0.416	28	安心贷	0.356
5	拍拍贷	0.593	17	银豆网	0.416	29	网利宝	0.356
6	爱钱进	0.593	18	合时代	0.407	30	新联在线	0.353
7	翼龙贷	0.558	19	合拍在线	0.389	31	91旺财	0.347
8	PPmoney	0.497	20	向上金服	0.388	32	生菜金融	0.335
9	投哪网	0.490	21	短融网	0.385	33	365易贷	0.330
10	积木盒子	0.479	22	抱财网	0.378	34	温州贷	0.317
11	麻袋理财	0.460	23	粤商贷	0.373	35	永利网	0.305
12	人人聚财	0.456	24	礼德财富	0.365	36	新新贷	0.285

为了更加直观地看出各平台上互联网金融门户企业品牌强度的差异,可将网贷平台 36 家企业的品牌强度制作成柱状图(如图 7-1 所示)。

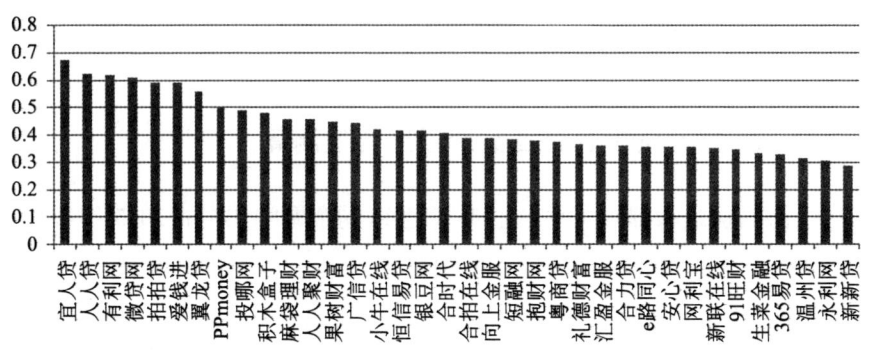

图 7-1　网贷平台 36 家企业品牌强度均值图

网贷平台 36 家企业品牌强度的平均值为 0.432,其中,品牌强度较高的平台依次为:宜人贷(0.671)、人人贷(0.623)、有利网(0.617)、微贷网(0.608)、拍拍贷(0.593)、爱钱进(0.593)等。品牌强度较低的平台依次为:新新贷(0.285)、永利网(0.305)、温州贷(0.317)、365 易贷(0.330)、生菜金融(0.335)、91 旺财(0.347)等。

二、36 家网贷平台企业品牌强度梯队排序

平台上 36 家互联网金融门户企业品牌强度虽然差异很大,但是基本上可以划分为 4 个梯队。4 个梯队包含的具体平台企业如下:

第一梯队包括 7 家平台企业,其品牌强度都在 0.55 以上,7 家平台企业品牌强度均值为 0.609。各平台的品牌强度依据品牌强度均值排序如下:宜人贷(0.671)、人人贷(0.623)、有利网(0.617)、微贷网

（0.608）、拍拍贷（0.593）、爱钱进（0.593）、翼龙贷（0.558）。

第二梯队选取了11家平台企业，其品牌强度都在0.4以上，11家平台企业品牌强度均值为0.450。各平台的品牌强度依据品牌强度均值排序如下：PPmoney（0.497）、投哪网（0.490）、积木盒子（0.479）、麻袋理财（0.460）、人人聚财（0.456）、果树财富（0.449）、广信贷（0.442）、小牛在线（0.422）、恒信易贷（0.416）、银豆网（0.416）、合时代（0.407）。

第三梯队选取了12家平台企业，其品牌强度都在0.35以上，12家平台企业的品牌强度均值为0.368。各平台的品牌强度依据品牌强度均值排序如下：合拍在线（0.389）、向上金服（0.388）、短融网（0.385）、抱财网（0.378）、粤商贷（0.373）、礼德财富（0.365）、汇盈金服（0.360）、合力贷（0.360）、e路同心（0.358）、安心贷（0.356）、网利宝（0.356）、新联在线（0.353）。

第四梯队选取了6家平台企业，其品牌强度都在0.35以下，6家平台企业的品牌强度均值为0.320。各平台的品牌强度依据品牌强度均值排序如下：91旺财（0.347）、生菜金融（0.335）、365易贷（0.330）、温州贷（0.317）、永利网（0.305）、新新贷（0.285）。

由以上梯队排序数量看，第三梯队的平台数量最多，为12家，第二梯队的平台数量次之，为11家，第一梯队的平台数量再次之，为7家，第四梯队的平台数量最少，为6家。第一梯队与第二梯队的平台数量之和占了总平台数量的一半，由此可见，品牌强度较好的平台企业与品牌强度较差的平台企业在数量上基本相等。

由以上梯队品牌强度值看，第一梯队的平台的品牌强度的均值为0.609，第二梯队的平台的品牌强度的均值为0.450，第三梯队的平台的品牌强度的均值为0.368，第四梯队的平台的品牌强度的均值为

0.320。只有第一梯队的均值超过了 0.50，其他三个梯队的均值都低于 0.50，特别是第一梯队的均值与第四梯队均值相差 0.289，可见，品牌强度好的平台与品牌强度差的平台相差较大。

第二节 互联网金融企业品牌强度趋势度分析

为了反映网贷之家 36 家互联网金融门户企业品牌强度总体变化趋势，本节对 35 个月份中 36 家样本平台企业品牌强度的总均值变化进行了测算，其品牌强度均值变化如表 7-2 所示。

表 7-2　　网贷平台 36 家企业品牌强度均值变化情况

时间	强度值	时间	强度值	时间	强度值
2015 年 3 月	0.422	2016 年 3 月	0.438	2017 年 3 月	0.413
2015 年 4 月	0.409	2016 年 4 月	0.440	2017 年 4 月	0.404
2015 年 5 月	0.383	2016 年 5 月	0.450	2017 年 5 月	0.413
2015 年 6 月	0.439	2016 年 6 月	0.461	2017 年 6 月	0.423
2015 年 7 月	0.430	2016 年 7 月	0.412	2017 年 7 月	0.448
2015 年 8 月	0.426	2016 年 8 月	0.401	2017 年 8 月	0.429
2015 年 9 月	0.429	2016 年 9 月	0.435	2017 年 9 月	0.448
2015 年 10 月	0.455	2016 年 10 月	0.434	2017 年 10 月	0.427
2015 年 11 月	0.475	2016 年 11 月	0.461	2017 年 11 月	0.460
2015 年 12 月	0.452	2016 年 12 月	0.479	2017 年 12 月	0.436
2016 年 1 月	0.373	2017 年 1 月	0.422	平均值	0.432

为了更加直观地反映互联网金融门户企业品牌强度趋势的变化，将样本企业 35 个月的品牌强度的总均值变化绘制成折线图，如图 7-2

所示。

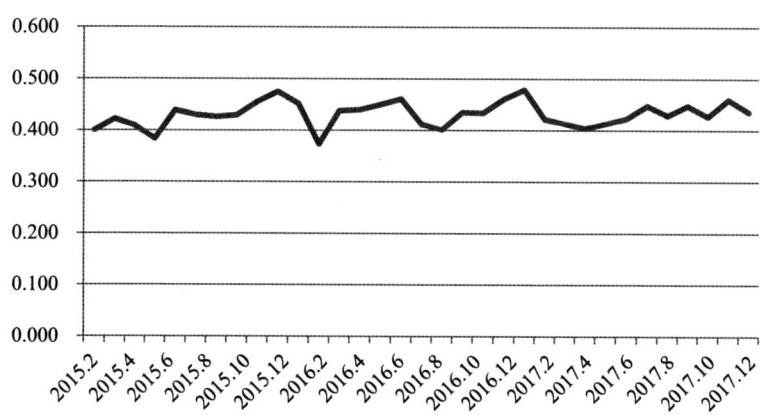

图7－2 网贷平台36家企业品牌强度均值变化情况

由图7－2可见，互联网金融门户企业品牌强度的变化总体上比较稳定，大约在数值0.43上下波动。趋势变化图中有几个低谷值点，如2016年1月、2016年8月、2017年4月这三个时间节点，网贷平台企业品牌强度值分别是0.373、0.401、0.404，为网贷平台品牌强度的最低值。为了探究导致网贷平台企业品牌强度下降的原因，笔者对2016年1月、2016年8月、2017年4月这三个时间节点的网贷平台的市场环境进行分析。资料显示，在这三个时间节点上网贷平台品牌强度下降，与政府出台的互联网金融监管政策有直接关系。

2015年12月，e租宝网站以及关联公司在开展互联网金融业务中，涉嫌违法经营活动被有关部门调查。e租宝被查事件引起了网贷平台的巨大震动，它影响了网贷平台的投资者对平台的信任，严重地损害了网贷平台的品牌形象。因为受该事件的影响，2015年12月，原中国银监会同工业和信息化部、公安部等部门明确网贷监管体制及各相关主体责任，提出不得吸收公款，不得归集资金设立资金池，不得擅自为出借人提供任何形式担保等 12 项禁止行为。该项规定的出台导致网贷平台的成交额下降。成交额作为品牌强度测算模型里的重要指标，其下降必然会导致网贷平台整体品牌强度下降。

2016 年 8 月，原中国银监会等 4 部委发布了《网络借贷信息中介机构业务活动管理暂行办法》。该办法被业界称为史上最严格的网贷监管条例，标志着 2016 年互联网金融行业迎来了监管元年。其中，对网贷平台影响最大的莫过于确定了借款上限。该办法规定同一自然人在同一网贷平台的借款余额上限不得超过人民币 20 万元，在不同网贷平台的借款总额不超过人民币 100 万元；同一法人或其他组织，在同一网贷平台、不同网贷平台的借款余额上限，分别不超过人民币 100 万元、500 万元。该项规定限制了网贷行业的交易规模，网贷平台的成交额也随之下降，最终导致了网贷平台整体品牌强度的降低。

2017 年 2 月，原中国银监会发布《网络借贷资金存管业务指引》。该指引中，对网贷资金存管进行了详细、全面的规定，使银行存管的可操作性更强。否决了企业和银行的"联合存管"模式，并对违法违规存管的行为提出了惩戒办法。银行存管这一硬性规定，不仅是银行对于存管的互联网金融平台设有资本金、运营状况等要求，平台本身想要做到真正合规的银行存管成本也会非常高。因此，使得很多互联网金融平台自发或被迫退出。同时，银行存管模式的实行限制了网贷平台资金的流动性，流动性也是品牌强度测算模型里的重要指标，它的下降同样导致了网贷平台整体品牌强度的下降。

从长期来看，《网络借贷资金存管业务指引》的实施，降低了客户资金被非法挪用的可能性，使得投资人信心得到提振。对于投资者而言，其资金安全性进一步加强了，在选择平台时更多了一项有价值的重要参考。国家监管层规范行业发展排除资金安全隐患的决心，对于行业长远发展必然是大的利好。从 2017 年 4 月开始，行业整体虽有小幅度波动，但总体上仍呈现上升态势。验证了我国政府对互联网金融行业的监管并没有影响互联网金融行业的优化发展，反而加快了行业的合规进程，提高了全行业的合规水平，增强了投资者的信心，并进一步提高了行业的竞争门槛。

第三节　互联网金融品牌强度企业个案分析

为了深入探讨互联网金融信息门户 36 家网贷平台企业品牌强度的变化规律，从 4 个梯队中各选择一家网贷平台企业，依据品牌强度测算模型进行计算和分析，从中找出对应的规律。

一、宜人贷品牌强度个案分析

宜人贷，是 2012 年 7 月在网贷之家上线的企业，注册资本为 3 000 万元。2015 年 6 月，宜人贷与广发银行达成 P2P 资金托管合作。2015 年 12 月获得百度公司 6 905.70 万元融资。2015 年 12 月 18 日，宜人贷在美国纽交所成功上市，成为中国互联网金融海外上市第一股。宜人贷于"2017 中国互联网金融消费权益保护战略论坛"被授予"2016 最值得信赖的金融科技品牌"称号。同年，在网贷天眼"'联畅未来' 2017 科技金融行业峰会"上被评选为"十佳最受投资人欢迎的互金平台"。宜人贷 35 个月品牌强度的均值变化情况见表 7-3。

表7-3　　　　宜人贷35个月品牌强度的均值变化情况

时　间	强度值	时　间	强度值	时　间	强度值
2015年2月	0.562	2016年2月	0.683	2017年2月	0.652
2015年3月	0.571	2016年3月	0.682	2017年3月	0.690
2015年4月	0.568	2016年4月	0.708	2017年4月	0.665
2015年5月	0.564	2016年5月	0.716	2017年5月	0.611
2015年6月	0.608	2016年6月	0.718	2017年6月	0.716
2015年7月	0.628	2016年7月	0.659	2017年7月	0.714
2015年8月	0.626	2016年8月	0.659	2017年8月	0.698
2015年9月	0.624	2016年9月	0.702	2017年9月	0.709
2015年10月	0.661	2016年10月	0.716	2017年10月	0.677
2015年11月	0.701	2016年11月	0.735	2017年11月	0.727
2015年12月	0.688	2016年12月	0.754	2017年12月	0.751
2016年1月	0.677	2017年1月	0.684	平均值	0.671

为了更加直观地反映宜人贷品牌强度在35个月内的变化趋势,可绘制成折线图,如图7-3所示。

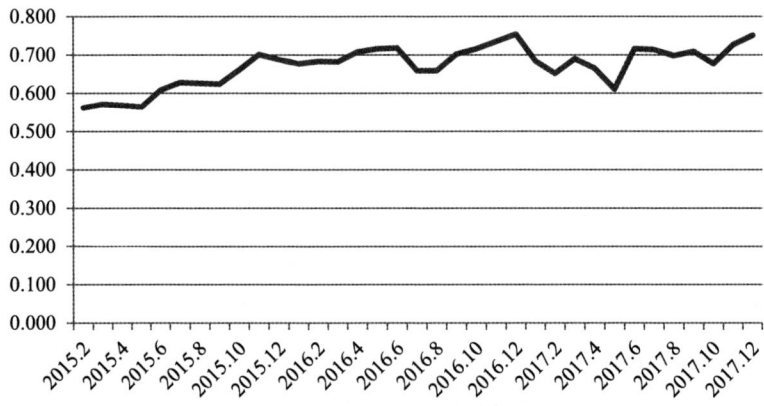

图7-3　宜人贷35个月品牌强度的均值变化情况

宜人贷的品牌强度均值为 0.671，在 36 家平台企业的品牌强度均值中排名第一。同时，在中国社会科学院国家金融与发展实验室互联网金融行业分析与评估课题组发布的《中国互联网金融平台风险评级与分析报告》的排名中也位居第一，与本研究结果有较高的吻合度。

从折线图 7-3 中可以看出，宜人贷的品牌强度变化的波动较小，总体呈现出平稳上升的趋势，且一直保持在 0.5 以上的高水平位置。主要原因是：(1) 业务运营较为稳定。宜人贷业务相对比较稳定，没有出现开展资产管理及跨界从事金融业务的媒体报道。(2) 营销推广投入较大。在过去的两年中，宜人贷先后在《楚乔传》《归去来》等热门影视剧中插播广告，提高了企业品牌的知名度，吸引了大量的客户。(3) 宜人贷也是最先与银行达成资金托管的网贷平台之一，宜人贷严格的资金把控在提高了平台资金周转的安全性的同时，也提升了用户对宜人贷的信任。(4) 宜人贷作为中国互联网金融海外上市第一股，必须保证季报、年报报表数据的真实性，在业内一直保持着较好的口碑和较高的人气流量。因此，宜人贷面对政府出台的相关互联网金融监控政策，依然保持着业务的稳定发展，宜人贷的品牌强度均值变化没有出现大起大落的波动现象。

二、PPmoney 品牌强度个案分析

PPmoney，是 2012 年 12 月在网贷之家上线的企业，是 PPmoney 万惠集团旗下全资子公司，注册资本为 5 亿元。平台于 2016 年 12 月获得安赐资本和粤泰控股 37 500 万元融资，于 2018 年 7 月获得国能金汇、国泰道合、明泰资本等 6 亿元融资。2016 年 5 月加入广东互联网金融协会任会长单位，2018 年 7 月加入中国互联网金融协会任理事单位。PPmoney 积极响应政府政策，于 2017 年 2 月，与厦门银行实现资金存

管的合作。自平台成立以来，PPmoney 发展迅速，目前注册出借者已超过 1 350 万户，累计现金交易额超过 1 100 亿元。

PPmoney 在细分领域获得了长足发展，真正做到了金融科技精准助农，接连获得凤凰 WEMONEY "行业影响力年度杰出机构"大奖、网贷之家和天眼双料亚军、"2018 最具影响力金融科技平台"奖、"人力资源管理杰出奖"、第三届中国消费金融暨科技创新大会"消费金融年度最受欢迎平台奖"、"新时代金融科技创造力奖"等。

PPmoney 35 个月品牌强度的均值变化情况见表 7-4。

表 7-4　　　　PPmoney 35 个月品牌强度的均值变化情况

时间	强度值	时间	强度值	时间	强度值
2015 年 2 月	0.479	2016 年 2 月	0.525	2017 年 2 月	0.472
2015 年 3 月	0.469	2016 年 3 月	0.489	2017 年 3 月	0.438
2015 年 4 月	0.481	2016 年 4 月	0.489	2017 年 4 月	0.416
2015 年 5 月	0.476	2016 年 5 月	0.492	2017 年 5 月	0.493
2015 年 6 月	0.494	2016 年 6 月	0.521	2017 年 6 月	0.506
2015 年 7 月	0.461	2016 年 7 月	0.490	2017 年 7 月	0.474
2015 年 8 月	0.451	2016 年 8 月	0.513	2017 年 8 月	0.519
2015 年 9 月	0.484	2016 年 9 月	0.531	2017 年 9 月	0.513
2015 年 10 月	0.517	2016 年 10 月	0.514	2017 年 10 月	0.514
2015 年 11 月	0.546	2016 年 11 月	0.548	2017 年 11 月	0.577
2015 年 12 月	0.515	2016 年 12 月	0.609	2017 年 12 月	0.484
2016 年 1 月	0.448	2017 年 1 月	0.462	平均值	0.497

为了更加直观地反映 PPmoney 品牌强度均值在 35 个月内的变化趋势，可绘制成折线图，如图 7-4 所示。

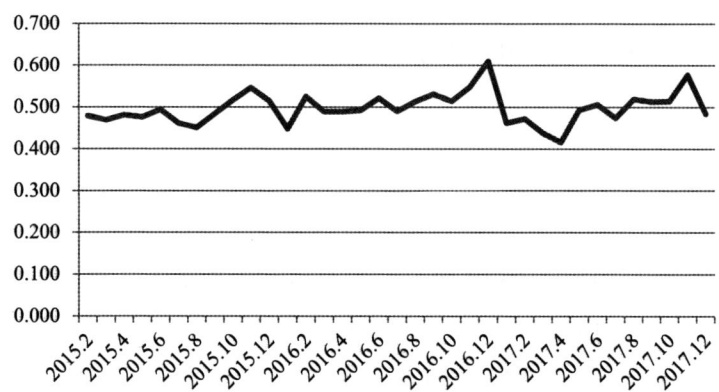

图 7-4 PPmoney 35 个月品牌强度的均值变化情况

PPmoney 的品牌强度的均值为 0.497，在 36 家平台企业的品牌强度均值中排名第 8 名，处于中等偏上水平。同时，中国社会科学院国家金融与发展实验室互联网金融行业分析与评估课题组发布的《中国互联网金融平台风险评级与分析报告》的前 100 强中，PPmoney 排名第 18 名，也处于中等偏上水平，与本研究结果相差不大。

从折线图 7-4 中可以看出，PPmoney 的品牌强度变化的波动较小，总体呈现出比较平稳的趋势，且一直保持在 0.5 以上的高水平位置。主要原因是：（1）业务比较稳定。作为一家专注于手机理财的领导品牌，其已经打造出了独具特色的移动理财生态圈。（2）着重营销投入。2016 年以来，PPmoney 理财在全国各大城市举办 P 粉会，近距离与投资者交流，形成平台的特色品牌活动，有较高的品牌知名度；曾获得广东"年度十大互联网创新企业奖""年度影响力网贷产品奖""315 品牌信誉奖"等殊荣。（3）经营业务繁多。涉及消费金融、车贷、房贷、供应链金融等，2017 年国家监管新条例出台后，因夸行业务被广州金融监管部门提出警告，平台用户质疑声逐渐增多，品牌形象也因此受损，导致该阶段品牌强度有所波动。

三、91旺财品牌强度个案分析

91旺财，是2014年3月在网贷之家上线的企业，注册资金为634万元。2014年7月，91旺财获得海通证券、宽带资本、经纬创投2亿元融资；2015年1月加入北京市网贷行业协会，担任协会副会长单位（地方协会）；2016年10月加入中国互联网金融协会，担任会员单位（互金协会）；2016年6月，与厦门银行达成P2P资金托管合作。截至2018年11月，平台稳健运营1 710天，累计借贷金额约318亿元，累计借贷笔数4.1万笔，累计为用户赚取约3.8亿元，借贷余额16亿元，借贷余额笔数3 944笔，利息余额3 520万元，累计代偿笔数161笔，累计代偿金额1 663万元。

对91旺财在35个月中的品牌强度的均值进行测算，其品牌强度均值变化如表7-5所示。

表7-5　　　91旺财35个月品牌强度的均值变化情况

时间	强度值	时间	强度值	时间	强度值
2015年2月	0.335	2016年2月	0.351	2017年2月	0.317
2015年3月	0.390	2016年3月	0.299	2017年3月	0.326
2015年4月	0.333	2016年4月	0.373	2017年4月	0.320
2015年5月	0.307	2016年5月	0.363	2017年5月	0.295
2015年6月	0.363	2016年6月	0.394	2017年6月	0.315
2015年7月	0.379	2016年7月	0.313	2017年7月	0.349
2015年8月	0.358	2016年8月	0.323	2017年8月	0.340
2015年9月	0.353	2016年9月	0.367	2017年9月	0.363
2015年10月	0.295	2016年10月	0.395	2017年10月	0.359
2015年11月	0.373	2016年11月	0.387	2017年11月	0.395
2015年12月	0.349	2016年12月	0.367	2017年12月	0.379
2016年1月	0.275	2017年1月	0.356	平均值	0.347

为了更加直观地反映91旺财在35个月内品牌强度均值的变化趋势，可绘制成折线图，如图7-5所示。

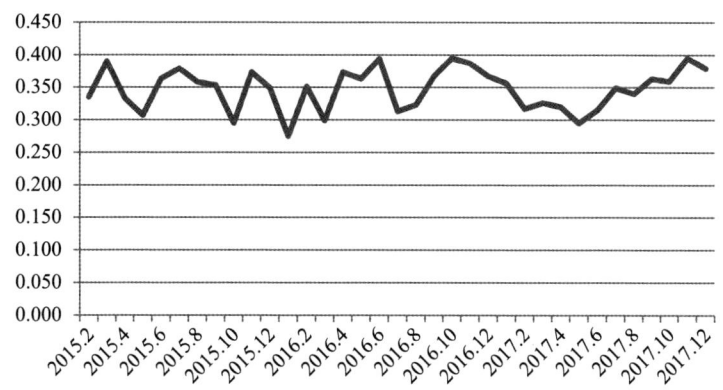

图7-5　91旺财35个月品牌强度的均值变化情况

91旺财品牌强度的均值为0.347，在36家平台企业的品牌强度均值中排名第31名，处于中等偏下水平。同时，在中国社会科学院国家金融与发展实验室互联网金融行业分析与评估课题组发布的《中国互联网金融平台风险评级与分析报告》的前100强中排名第54名，与本研究的结果相差不大。

从折线图7-5中可以看出，91旺财的品牌强度变化的波动较大，总体呈现出非平稳波动状态，且一直保持在0.347的低水平位置。主要原因是：（1）业务相对比较稳定，但是有违规现象。91旺财基本上都是针对企业的房产抵押标业务，从发标页可以看出，91旺财存在拆标情况。（2）91旺财的广告投入较少，缺少社会关注度与知名度；有违规法律纠纷，其居间合同纠纷直至上诉到最高法院，影响了其社会声誉。（3）经济效益较差。资金流净流入（流出）/平均成交量数为 -7.68%，资金流表现偏弱，如资金流长期处于负流出状态，则可能引起资金链断裂。(4) 存在非真实性报道。91旺财宣传其投资回报是银行的3倍,但是从网站91旺财借贷者反映的情况看,91旺财收益不高,仅仅是能到期回款。上述因素导致了91旺财品牌强度均值较差,长期处于波动状态。

四、新新贷品牌强度个案分析

新新贷(上海)金融信息服务有限公司(以下简称"新新贷"),是2012年2月在网贷之家上线的企业,是一家服务小微企业的网络借贷信息中介服务平台,注册资本5 000万元。2016年3月,新新贷加入上海市互联网金融行业协会任理事单位,同年加入中国互联网金融协会任会员单位;2017年8月,与上海华瑞银行实现资金存管的合作。

对新新贷35个月中的品牌强度的均值进行测算,其品牌强度的均值的变化如表7-6所示。

表7-6　　　　新新贷35个月品牌强度的均值变化情况

时　间	强度值	时　间	强度值	时　间	强度值
2015年2月	0.305	2016年2月	0.270	2017年2月	0.202
2015年3月	0.326	2016年3月	0.244	2017年3月	0.292
2015年4月	0.332	2016年4月	0.220	2017年4月	0.274
2015年5月	0.251	2016年5月	0.227	2017年5月	0.268
2015年6月	0.351	2016年6月	0.259	2017年6月	0.254
2015年7月	0.309	2016年7月	0.213	2017年7月	0.332
2015年8月	0.313	2016年8月	0.192	2017年8月	0.299
2015年9月	0.321	2016年9月	0.227	2017年9月	0.340
2015年10月	0.350	2016年10月	0.237	2017年10月	0.337
2015年11月	0.354	2016年11月	0.281	2017年11月	0.349
2015年12月	0.317	2016年12月	0.318	2017年12月	0.337
2016年1月	0.253	2017年1月	0.229	平均值	0.285

为了更加直观地反映新新贷品牌强度在 35 个月内品牌强度均值的变化趋势，可绘制成折线图，如图 7-6 所示。

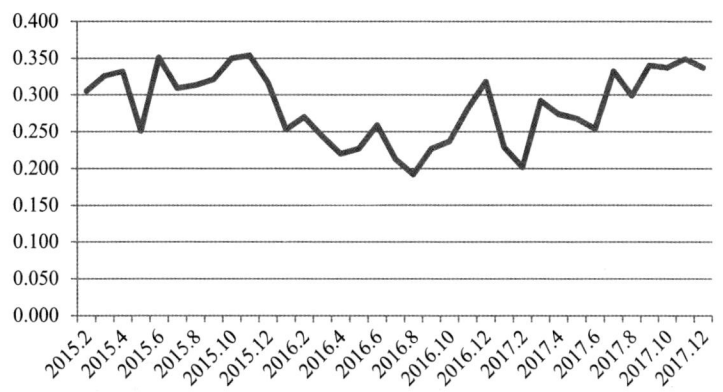

图 7-6　新新贷 35 个月品牌强度的均值变化情况

新新贷的品牌强度的均值为 0.285，在 36 家平台企业的品牌强度均值中排名倒数第一。同时，没有入选中国社会科学院国家金融与发展实验室互联网金融行业分析与评估课题组发布的《中国互联网金融平台风险评级与分析报告》的前 100 家网贷平台名单，与本研究得出的结果有较高的相似度。

从折线图 7-6 中可以看出，新新贷的品牌强度波动较大，总体呈现出波动下跌趋势，且一直保持在 0.285 的低水平状态。主要原因是：(1) 新新贷的业务不稳定，且效率较低。根据中金社报道，2017 年 8 月，中国互联网金融协会信披平台新对接包括新新贷在内的 12 家平台信息披露数据中，新新贷的累计逾期金额为 6 972.7 万元，项目逾期率 6.53%，金额逾期率 3.84%，这三项指标是这 12 家新接入信披平台中最高的。(2) 新新贷一直称自己为中核汇能国资控股的网贷平台，实际是中核工业旗下的一个投资集团下属的一个子公司，即中核汇能

(天津)有限公司,而且其对新新贷所谓的一个战略控股,实际上只占新新贷总股权 5% 都不到。(3)新新贷在广告方面的投入比较少,知名度和关注度在同类网贷平台中处于较低水平。从业务角度看,新新贷在 CC 网贷社区和网贷之家论坛中的评分较低,主要表现在提现较慢、手续费高、实际利息低于名义上的利息等。新新贷在操作流程和制定规则等方面的疏漏,使得用户的体验较差,最终导致新新贷的品牌形象较差,这进一步佐证了本研究的结论。

第四节 互联网金融品牌商业强度测定与分析

商业因素是互联网金融门户企业品牌强度的重要指标(权重 0.483),为了检验互联网金融门户企业品牌强度与商业要素的拟合度,本节将互联网金融企业的品牌商业强度计算出来进行分析,同时与互联网金融企业品牌强度进行比较分析。

一、36 家网贷平台企业品牌商业强度均值计算

由表 7-7 可以看出,36 家网贷平台企业品牌商业强度均值最高的是宜人贷,强度系数为 0.640,商业强度最低的是网利宝,强度系数为 0.180,36 家网贷平台企业品牌商业强度的均值为 0.336。

为了更加直观地反映新新贷品牌强度在 35 个月内品牌强度均值变化的趋势,可绘制成折线图,如图 7-7 所示。

第七章 互联网金融品牌强度的测定与分析

表7-7 36家平台企业品牌商业强度均值情况

公司名称	商业强度	公司名称	商业强度
宜人贷	0.640	365易贷	0.317
拍拍贷	0.502	积木盒子	0.299
爱钱进	0.490	短融网	0.287
翼龙贷	0.487	合力贷	0.284
恒信易贷	0.470	粤商贷	0.279
有利网	0.457	汇盈金服	0.277
微贷网	0.453	e路同心	0.271
人人贷	0.448	新联在线	0.267
果树财富	0.441	合拍在线	0.264
人人聚财	0.391	安心贷	0.255
小牛在线	0.375	永利网	0.251
麻袋理财	0.366	抱财网	0.242
广信贷	0.365	91旺财	0.239
PPmoney	0.364	新新贷	0.204
投哪网	0.358	向上金服	0.202
合时代	0.347	生菜金融	0.189
银豆网	0.342	温州贷	0.182
礼德财富	0.329	网利宝	0.180

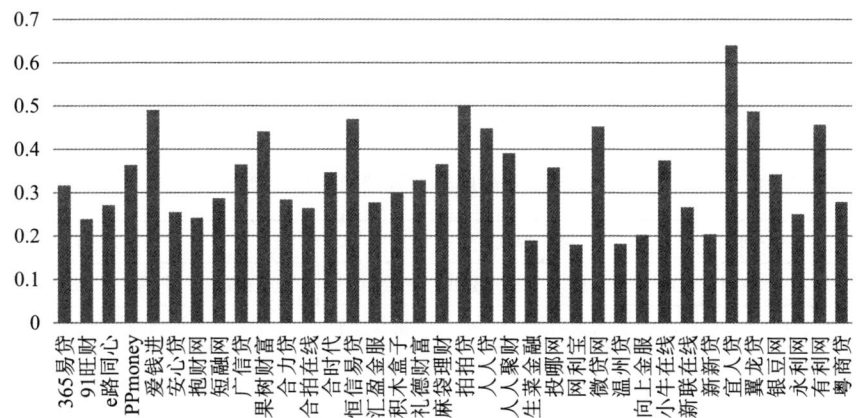

图7-7 36家平台企业品牌商业强度均值情况

36家互联网金融门户企业的商业强度按强度大小分为四个梯队（见表7-8）：

第一梯队选取了9家平台企业，其品牌商业强度都在0.440以上，平台企业的品牌商业强度均值为0.487。9家平台企业商业强度最高的是宜人贷，强度系数为0.640，商业强度最低的是果树财富，强度系数为0.441。

第二梯队选取了10家平台企业，其品牌商业强度都在0.317以上，平台企业品牌商业强度均值为0.355。10家平台企业商业强度最高的是人人聚财，强度系数为0.391，商业强度最低的是365易贷，强度系数为0.317。

第三梯队选取了12家平台企业，其品牌商业强度都在0.239以上，12家平台企业品牌商业强度均值为0.268。12家平台企业商业强度最高的是积木盒子，强度系数为0.299，商业强度最低的是91旺财，强度系数为0.239。

第四梯队选取了5家平台企业，其品牌商业强度都在0.180以上，5家平台企业品牌商业强度均值为0.191。5家平台企业品牌商业强度最高的是新新贷，强度系数为0.204，商业强度最低的是网利宝，强度系数为0.180。

表7-8　　36家平台企业品牌商业强度梯队排序情况

第一梯队		第二梯队		第三梯队		第四梯队	
名　称	商业强度	名　称	商业强度	名　称	商业强度	名　称	商业强度
宜人贷	0.640	人人聚财	0.391	积木盒子	0.299	新新贷	0.204
拍拍贷	0.502	小牛在线	0.375	短融网	0.287	向上金服	0.202
爱钱进	0.490	麻袋理财	0.366	合力贷	0.284	生菜金融	0.189
翼龙贷	0.487	广信贷	0.365	粤商贷	0.279	温州贷	0.182

续表

第一梯队		第二梯队		第三梯队		第四梯队	
名称	商业强度	名称	商业强度	名称	商业强度	名称	商业强度
恒信易贷	0.470	PPmoney	0.364	汇盈金服	0.277	网利宝	0.180
有利网	0.457	投哪网	0.358	e路同心	0.271		
微贷网	0.453	合时代	0.347	新联在线	0.267		
人人贷	0.448	银豆网	0.342	合拍在线	0.264		
果树财富	0.441	礼德财富	0.329	安心贷	0.255		
		365易贷	0.317	永利网	0.251		
				抱财网	0.242		
				91旺财	0.239		

二、品牌强度和商业强度的拟合度分析

由图7-8可见，36家互联网金融门户企业的品牌强度和商业强度拟合程度较好，呈现出一致的变化特征，两个强度系数变化趋势基本相同。说明平台企业的商业强度对平台企业品牌强度的总体影响显著。由此可见，目前政府对互联网金融企业监管并没有到位，如果商业指标的监管到位，同样可以在很大程度上避免一些互联网金融企业造假商业数据，最后变成"跑跑"公司。

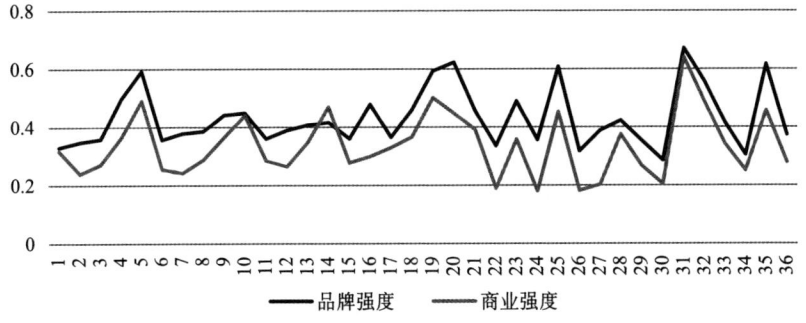

图7-8 36家平台企业品牌强度及商业强度拟合情况

第八章
互联网金融品牌效率的测定与分析

企业的效率是各种因素综合作用的结果,既有体制机制方面的因素,也有投入要素方面的原因。平台上互联网金融门户企业的品牌效率,是指以尽可能少的投入,获得尽可能多的产出。本章依据 EDA 模型和互联网金融企业的投入产出指标,计算互联网金融平台企业的效率。通过效率分析探讨互联网金融门户企业品牌强度与品牌效率之间的关联性。

第一节 互联网金融企业的品牌效率计算

一、36家网贷平台企业品牌效率值测算

上海网贷之家提供了网贷平台上的36家企业2015年2月—2017年12月的运营数据,利用已构建的品牌效率计算模型,可以计算出36家网贷平台企业35个月的品牌效率的平均值。通过计算得出,36家网贷平台在2015年2月—2017年12月这35个月内的品牌效率的平均值,如表8-1所示。

表8-1　　　　　　　　36家平台企业品牌效率均值表

序号	平台	效率值	序号	平台	效率值
1	人人贷	0.957	19	投哪网	0.331
2	宜人贷	0.908	20	积木盒子	0.324
3	合力贷	0.900	21	生菜金融	0.324
4	翼龙贷	0.874	22	抱财网	0.277
5	汇盈金服	0.694	23	礼德财富	0.274
6	有利网	0.664	24	365易贷	0.269
7	PPmoney	0.516	25	新新贷	0.252
8	安心贷	0.496	26	合时代	0.251
9	91旺财	0.492	27	人人聚财	0.251
10	爱钱进	0.476	28	网利宝	0.204
11	向上金服	0.456	29	果树财富	0.188
12	麻袋理财	0.408	30	广信贷	0.171

续表

序号	平台	效率值	序号	平台	效率值
13	小牛在线	0.387	31	新联在线	0.152
14	微贷网	0.387	32	粤商贷	0.149
15	拍拍贷	0.382	33	恒信易贷	0.145
16	e路同心	0.375	34	短融网	0.139
17	银豆网	0.362	35	温州贷	0.118
18	永利网	0.338	36	合拍在线	0.098

为了更加直观地看出各平台企业的品牌效率的差异,将36家网贷平台企业的品牌效率值制作成柱状图,如图8-1所示。

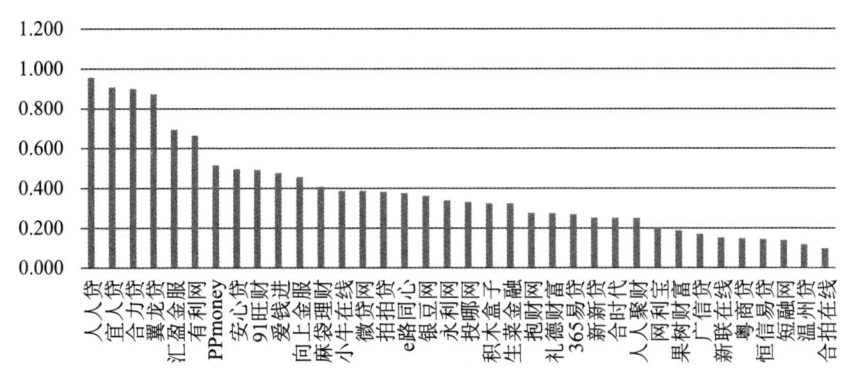

图8-1 36家平台企业品牌效率图

从图8-1可以看出,人人贷的平台效率值最高,达0.957;合拍在线的平台效率值最低,为0.098;36家平台公司的平均效率均值为0.389。

二、36家网贷平台企业品牌效率梯队排序

根据平台互联网金融门户企业效率值的大小,将36家平台企业的

品牌效率值分成4个梯队。

第一梯队选取了7家平台企业，其品牌平均效率值在0.516以上，7家平台企业的平均效率值为0.788。各平台企业的品牌效率值依据品牌效率均值大小排序如下：人人贷（0.957）、宜人贷（0.908）、合力贷（0.900）、翼龙贷（0.874）、汇盈金服（0.694）、有利网（0.664）和PPmoney（0.516）。

第二梯队选取了14家平台，其品牌平均效率值在0.324以上，14家平台企业的平均效率值为0.396。各平台企业的品牌效率值依据品牌效率均值大小排序如下：安心贷（0.49691）、旺财（0.492）、爱钱进（0.476）、向上金服（0.456）、麻袋理财（0.408）、小牛在线（0.387）、微贷网（0.387）、拍拍贷（0.382）、e路同心（0.375）、银豆网（0.362）、永利网（0.338）、投哪网（0.331）、积木盒子（0.324）和生菜金融（0.324）。

第三梯队选取了7家平台，其品牌平均效率值在0.204以上，7家平台企业的平均效率值为0.254。各平台企业的品牌效率值依据品牌效率均值大小排序如下：抱财网（0.277）、礼德财富（0.274）、易贷（0.269）、新新贷（0.252）、合时代（0.251）、人人聚财（0.251）和网利宝（0.204）。

第四梯队选取了8家平台，其品牌平均效率值在0.118以上，8家平台企业的平均效率值为0.145。各平台企业的品牌效率值依据品牌效率均值大小排序如下：果树财富（0.188）、广信贷（0.171）、新联在线（0.152）、粤商贷（0.149）、恒信易贷（0.145）、短融网（0.139）和温州贷（0.118）、合拍在线（0.098）。

三、36家平台企业梯队平均效率值比较

从平台数量角度分析，第一梯队的平台数量为 7 家，第二梯队的平台数量最多，为 14 家，第三梯队的平台数量为 7 家，第四梯队的平台数量次之，为 8 家。效率最好的平台企业占 19.44%，效率居中的企业占 58.33%，效率最差的企业占 19.44%。由此可见，效率值较高的平台企业与效率值较低的平台企业相差不大。

从平均值角度分析，第一梯队平台效率的均值为 0.788，第二梯队平台效率的均值为 0.396，第三梯队平台效率的均值为 0.254，第四梯队平台效率的均值为 0.145。第一梯队的均值与第四梯队均值相差 0.643，由此可见，效率值高的平台企业与效率值低的平台企业相差较大。

第二节 互联网金融企业品牌效率趋势度分析

为了反映互联网金融门户企业品牌效率总体趋势的变化，对 35 个月份中 36 家平台整体的品牌效率的均值进行测算，测算结果如表 8-2 所示。

表 8-2 36家平台企业品牌效率均值表

时间	效率值	时间	效率值	时间	效率值	时间	效率值
2015年2月	0.340	2015年11月	0.377	2016年8月	0.344	2017年5月	0.471
2015年3月	0.328	2015年12月	0.384	2016年9月	0.328	2017年6月	0.446

续表

时间	效率值	时间	效率值	时间	效率值	时间	效率值
2015年4月	0.361	2016年1月	0.339	2016年10月	0.337	2017年7月	0.433
2015年5月	0.332	2016年2月	0.305	2016年11月	0.360	2017年8月	0.522
2015年6月	0.345	2016年3月	0.333	2016年12月	0.389	2017年9月	0.589
2015年7月	0.419	2016年4月	0.290	2017年1月	0.385	2017年10月	0.523
2015年8月	0.412	2016年5月	0.334	2017年2月	0.259	2017年11月	0.580
2015年9月	0.381	2016年6月	0.335	2017年3月	0.405	2017年12月	0.486
2015年10月	0.366	2016年7月	0.334	2017年4月	0.422		

为了更加直观地反映互联网金融门户企业品牌效率总体趋势的变化，对35个月份中36家平台整体的品牌效率的均值绘制成折线图，如图8-2所示。

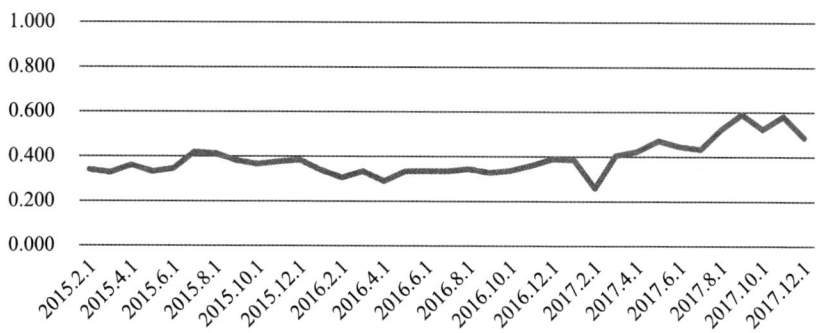

图8-2　36家平台企业品牌效率均值趋势

如图8-2所示，2014年2月至2015年2月，从政策环境分析，互联网金融的热潮引来了地方政府关注，全国各地政府纷纷出台政策支持互联网金融产业创新发展。例如，上海市人民政府颁布《关于促进上海市互联网金融产业健康发展若干意见》（2014 年 8 月）①，浙江省人民政府颁布《促进互联网金融持续健康发展暂行办法》（2015 年 2 月）②，深圳市人民政府颁布《关于支持互联网金融创新发展的指导意见》（2014 年 3）③，南京市人民政府颁布《关于加开互联网金融产业发展的实施办法》（2014 年 7 月）④，广州市人民政府颁布《关于支持互联网金融创新发展的试行办法》（2014 年 6 月）⑤ 等。因此，该阶段互联网金融效率值呈现缓慢上升趋势。

2015 年 8 月至 2016 年 4 月，为了鼓励金融创新，促进互联网金融健康发展，明确监管责任，规范市场秩序，人民银行等十部门发布《关于促进互联网金融健康发展的指导意见》⑥。该指导意见按照"依法监管、适度监管、分类监管、协同监管、创新监管"的原则，确立了互联网支付、网络借贷、股权众筹融资、互联网基金销售、互联网保险、互联网信托和互联网消费金融等互联网金融主要业态的监管职责分工，落实了监管责任，明确了业务边界。互联网金融行业整顿，导致很多问题平台"跑路"。该阶段互联网金融企业效率呈下降趋势。

2016 年 5 月至 2017 年 1 月，经过了一个阶段的行业整治，互联网金融行业秩序趋于稳定，效率值呈现缓慢上升的趋势。从指标上分析，主要是因为待还金额呈现逐步上升的趋势，从政策环境上分析，主要是由于出台的《关于促进互联网金融指导意见》将不规范的问题平台从

---

① https：//www.wdzj.com/news/yanjiu/17069.html.
② https：//baike.wdzj.com/doc－view－2469.html.
③ http：//www.gov.cn/zhuanti/2015－12/21/content_5026141.htm.
④ https：//baike.wdzj.com/doc－view－2493.html.
⑤ http：//www.chinairn.com/news/20140611/104918480.shtml.
⑥ http：//www.gov.cn/xinwen/2015－07/18/content_2899360.htm.

行业中剔除了，规范的互联网金融行业环境提高了投资者的信心。

2017 年，政府监管部门频频"亮剑"，被业界看作是"史上最严"的金融监管年。"校园贷""现金贷"等互联网金融业务被重点整顿，虚拟货币投机行为也被叫停。

2017 年 2 月至 2017 年 6 月，行业品牌效率在经过剧烈下滑后又大幅度提升。从指标体系分析，主要是因为成交额与行业综合收益率出现先剧烈下降后又上升的趋势。从政策环境分析，出现剧烈下滑的主要原因是，2017 年 2 月原中国银监会发布了《网络借贷资金存管业务指引》①。该指引中，对网贷资金存管进行了详细、全面的规定，使银行存管的可操作性更强。否决了企业和银行的"联合存管"模式，并对违法违规存管的行为提出了惩戒办法。同时，从制度流程、系统技术等方面做了硬性规定，加强对平台的监督，引导平台机构规范发展，标志着行业存管业务更加清晰化与规范化，推动了行业进入依法监管、规范发展的新时代。但不可忽略的是，银行存管这一硬性规定，不仅是银行对于存管的互联网金融平台设有资本金、运营状况等要求，平台本身想要做到真正合规，银行存管成本也会非常高。因此，使得很多互联网金融平台自发或被迫退出。据中商情报网统计②，截至 2017 年 12 月底，互联网金融行业正常运营平台数量达到了 1 931 家，相比 2016 年底减少了 517 家。该指引的实施，防范客户资金被非法挪用的措施控制了风险的产生，使得投资人信心得到提振。对于投资者而言，不仅是资金安全性的加强，更是在选择平台时多了一项有价值的重要参考。国家监管层规范行业发展排除资金安全隐患的决心，对于行业长远发展必然是大的

---

① http://www.cbrc.gov.cn/govView_4201EF03472544038242EED1878597CB.html.
② http://www.askci.com/news/chanye/20180108/112649115566.shtml.

利好。从 2017 年 4 月开始，行业整体虽有小幅度的波动，但总体上仍呈现上升态势。也验证了我国政府对互联网金融行业的监管并没有影响互联网金融行业的优化发展，反而加快了行业的合规进程，提高了全行业的合规水平，增强了投资者信心，并进一步提高了行业的竞争门槛，促使优质合规的平台快速成长。

2017 年 6 月，互联网金融风险专项整治工作领导小组办公室下发《关于对互联网平台与各类交易场所合作从事违法违规业务开展清理整顿的通知》[1]，要求在 7 月 15 日前停止互联网平台与各类交易场所合作开展涉嫌突破政策红线的违法违规业务的增量。2017 年 7 月，央行等 7 部委发布《关于防范代币发行融资风险的公告》[2]，叫停各类代币发行融资活动，要求已完成代币发行融资的组织和个人应当做出清退等安排。该公告将代币发行融资定性为一种未经批准的非法公开融资的行为，涉嫌非法发售代币票券、非法发行证券以及非法集资、金融诈骗、传销等违法犯罪活动。因此，从整个互联网金融行业效率发展看，确实出现略微下跌的趋势。

2017 年 11 月后，行业下跌趋势加大。2017 年 11 月，央行发布的《关于立即暂停批设网络小额贷款公司的通知》[3] 规定，自即日起，各级小额贷款公司监管部门一律不得新批设网络（互联网）小额贷款公司，禁止新增批小额贷款公司跨省（区、市）开展小额贷款业务。12 月 8 日，原中国银监会下发《关于印发小额贷款公司网络小额贷款业务风险专项整治实施方案的通知》[4]，重点排查和整治网络小贷公司，涉

---

[1] https://baijiahao.baidu.com/s?id=1572239735756913&wfr=spider&for=pc.
[2] http://www.bifabu.com/index/detail/id/230.html.
[3] http://www.chinamfi.net/News_Mes.aspx?type=16&Id=42452.
[4] https://www.rong360.com/gl/2018/01/25/150893.html.

及审批管理、经营资质、股权管理、融资端及资产端等 11 个方面。因此，整个行业出现了较大层面的下滑。该形势一直影响到 2018 年。

第三节　互联网金融品牌效率企业个案分析

一、人人贷品牌效率个案分析

人人贷，2010 年 10 月上线，注册资本为 1 亿元，2013 年所属集团人人友信获得 1.3 亿美元 A 轮融资。2018 年 7 月加入中国互联网金融协会任常务理事单位，获评 AAA 级互联网信用认证。人人贷品牌效率均值变化趋势见图 8-3。

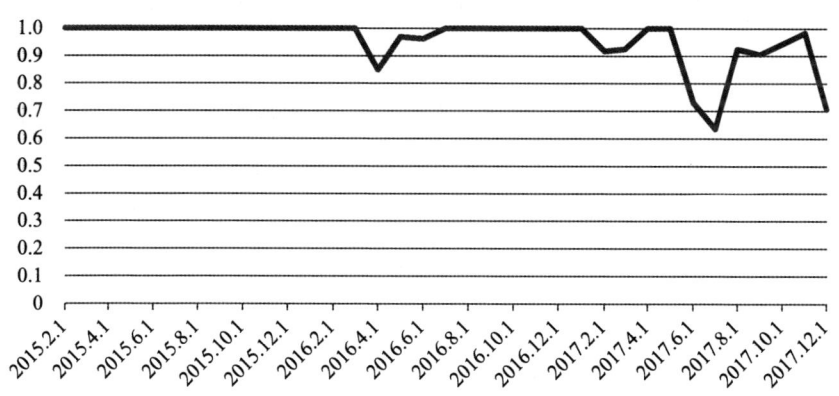

图 8-3　人人贷品牌效率均值变化趋势

在 2015 年至 2016 年期间，人人贷的品牌效率基本稳定保持在最大值 1 处，主要原因是人人贷坚持为积累的用户提供全方位的产品和服务，并且联合托管银行打造一个更极致的客户体验，致力于为客户提供一站式的财富管理平台①。但在 2016 年 3 月至 5 月期间，人人贷出现了小幅度的波动，主要是因为人人贷正在向综合型理财平台转型，对平台业务产生了一定影响。在 2017 年 6 月至 8 月期间，人人贷出现了急剧下降后上升的趋势，主要是受到互联网金融风险专项整治工作领导小组办公室下发的《通知》以及央行等 7 部委发布《办法》②的影响。同样，2017 年 12 月原中国银监会的《通知》对人人贷效率影响较大。

二、有利网品牌效率个案分析

有利网，2013 年 2 月上线，注册资本 5 000 万元。2013 年 11 月获得软银中国 6 906 万元融资，2015 年 7 月获得高瓴资本 4 600 万元融资，2014 年 6 月获得晨兴资本、程宇 34 534 万元融资。2014 年 12 月加入北京市互联网金融行业协会任副会长单位，2016 年 3 月 15 日加入中国互联网金融协会任会员单位。2015 至 2017 年有利网品牌效率趋势见图 8-4。

在 2015 年 2 月至 7 月期间，有利网的品牌效率保持稳定在最大值 1 的水平上，主要是因为有利网自 2013 年上线以来分别获得软银中国资本及晨兴资本投资。高频率的融资，使有利网获得了充足的资本，为其大规模的营销推广提供了资金来源，品牌知名度、用户数等迅速攀升③。

---

① https://www.wdzj.com/news/fangtan/24973.html.
② https://www.wdzj.com/news/pingtai/79831.html.
③ https://www.wdzj.com/news/ceping/21401.html.

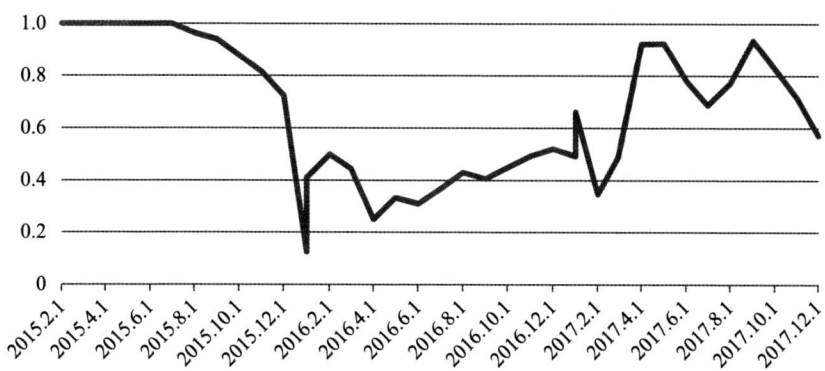

图 8-4 有利网品牌效率均值变化趋势

但在 2015 年 7 月至 2016 年 1 月期间，有利网的品牌效率出现了大幅度的下降，甚至在 2016 年 1 月出现了效率最低值 0.125。从外部环境分析，主要是因为随着行业竞争加剧及各大平台在营销推广方面投入的增加，有利网出现在投资人视野中的频率有所下降，失去了竞争优势。从内部环境分析，主要是因为公司 CEO 刘雁南曾多次被传出离职的消息，内部高级管理者在管理理念上存在分歧，给公司运营造成了不利影响①。2016 年 1 月至 4 月期间，有利网的品牌效率呈现较大幅度的波动，这主要是受 2015 年 12 月发布的《网络借贷信息中介机构业务活动管理暂行办法》的影响。同时，有利网在春节前期对业务项目进行了调整，可能对平台交易量有影响，进而影响了效率②。

2016 年 4 月至 2017 年 1 月，有利网的品牌效率处于不断上升的趋势，主要是由于《关于促进互联网金融指导意见》《网络借贷信息中介

---

① https://www.wdzj.com/news/pingtai/22395.html.
② https://www.wdzj.com/dangan/ylw1/dongtai/67232.html.

机构业务活动管理暂行办法》①的出台，加强了对互联网金融的监管，使平台运营合规化、信息披露透明化，提高了投资者的信心。2017年2月至12月，有利网的品牌效率处于周期性的波动趋势，这主要是因为2017年2月北京网贷整改正式开始，首批下达的整改意见书共有七家平台，其中就包括有利网。平台面临整改的主要问题有五大类：资金池、银行存管、自融、担保和承诺收益、期限与资金错配。平台的整改对效率值的波动产生了较大影响②。

2017年6月至8月期间，有利网出现了急剧下降后上升的趋势，主要是受到互联网金融风险专项整治工作领导小组办公室下发的《通知》以及央行等7部委发布《办法》③的影响。同样，2017年12月原中国银监会的《通知》对有利网效率的影响较大。

三、抱财网品牌效率个案分析

抱财网，2014年3月上线，注册资本5 000万元，上市公司凯乐科技（600260）成员企业。2015年5月获得A轮1.3亿元人民币融资。2016年3月加入中国互联网金融协会担任会员单位。

2016年3月至2017年1月期间，抱财网的品牌效率整体呈现不断上升趋势，这主要是因为《网络借贷信息中介机构业务活动管理暂行办法》的出台，让始终合法合规、坚守底线的优质平台迎来了新一轮的发展机遇。抱财网根据监管政策的要求，减少大额借款项目占比，在合规运营、风险控制、信息披露等多个方面，一直坚守底线，坚持纯

---

① http://www.cbrc.gov.cn/govView_37D312933F1A4CECBC18F9A96293F450.html.
② https：//www.wdzj.com/news/hangye/69091.html.
③ https：//www.wdzj.com/news/pingtai/79831.html.

"线上"运营,从不做线下理财门店,坚持项目透明公开,直接对接,不设资金池,不搞资产池,不触碰《管理办法》要求的13条"红线",为满足监管的各项要求,抱财网积极采取各种措施。抱财网的规范性,提高了投资者的信心。

2015—2017年抱财网品牌效率趋势见图8-5。

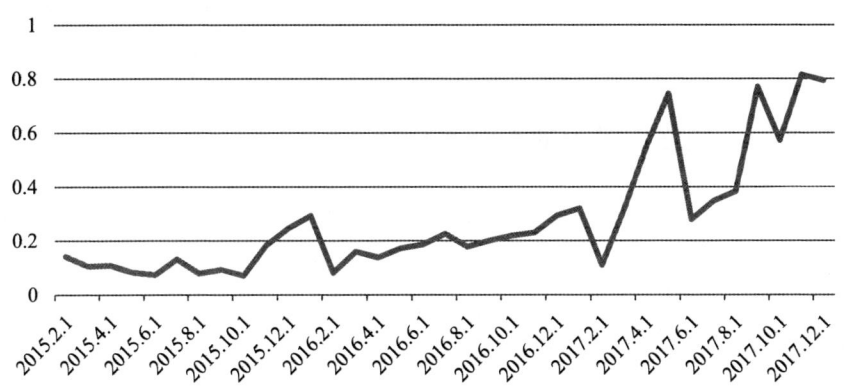

图8-5 抱财网品牌效率均值变化趋势

2017年1月至2017年5月期间,抱财网的品牌效率呈现急剧性的下降与上升态势。出现剧烈下滑的主要原因是,2017年2月原中国银监会发布了《网络借贷资金存管业务指引》。该指引对网贷资金存管进行了详细、全面的规定,使银行存管的可操作性更强。否决了企业和银行的"联合存管"模式,并对违法违规存管的行为提出了惩戒办法,给大多数平台造成了冲击。在急剧下降后大幅度上升的主要原因是,面对网贷行业的强力整治,抱财网主动满足监管要求,采取了更为理性的分析和积极的应对态度,并迅速开展整改工作:逐渐减少大额借款项目占比,并逐步停发大额标的,同时增加小额产品的供应,一系列的措施让平台更加合法合规,增强了投资者的信心。2017年5月至2017年9

月期间，抱财网的品牌效率出现了大幅度的波动，2017 年 6 月，品牌效率急剧下降的主要原因是，中国互联网金融协会信息披露系统显示抱财网的人均借款额远远超出《暂行办法》① 中规定的限额，说明抱财网的风控效果不能确保。2017 年 9 月效率大幅度上升的主要原因是，在抱财网举行的投资人见面会上，抱财网副总裁林凯表示②，抱财网按照"银行存管属地化"的要求，已与一家全国性商业银行达成资金存管合作协议，合规化的资金存管降低了风险，促进了投资额的增长。

四、合拍在线品牌效率个案分析

合拍在线，2012 年 6 月上线，注册资本 1 亿元人民币。2015 年 12 月加入深圳市互联网金融协会任副会长单位，2016 年 3 月加入中国互联网金融协会任理事单位。2018 年 10 月因涉嫌非法吸收公众存款被经侦介入。

2015－2017 年合拍在线品牌效率趋势见图 8-6。

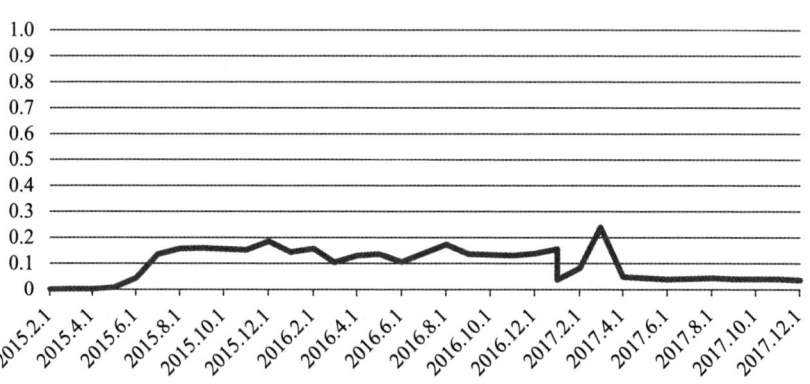

图 8-6 合拍在线品牌效率均值变化趋势

---

① https：//www.wdzj.com/news/yybb/191162.html.
② https：//www.wdzj.com/news/yybb/759197.html.

在 2015 年 1 月至 5 月期间,合拍在线的品牌效率处于直线下降至零的趋势,这主要是因为很多中小微企业经营危机和信贷资产持续暴增,加上担保行业正处于行业大败局当中,给网贷行业造成了一定的影响,合拍在线正在有意识地控制发展规模与速度[①]。2015 年 5 月至 11 月期间,合拍在线的品牌效率处于上升后保持稳定的趋势,主要原因是 2015 年 6 月,合拍在线与广发证券、大华会计师事务所、国浩律师事务所签署了战略合作协议,将启动新三板方面的上市计划,促进了投资额的增长[②]。2015 年 11 月至 2017 年 2 月,合拍在线的品牌效率处于周期性的波动,主要是因为金融监管机构出台的监管政策给整个网贷行业造成了影响。

2017 年 2 月至 3 月,品牌效率急剧上升的主要原因是合拍在线宣布将签约银行资金存管,标志着合拍在线正在加大力度落地监管制度要求,向着合规经营的方向加速调整[③]。2017 年 4 月至 2017 年 12 月,合拍在线的品牌效率呈现了急剧下降后持续低效率的趋势,这主要是因为合拍在线的违法违规运营被查明。经查,合拍在线涉嫌非法吸收公众存款,已经被立案侦查[④]。

---

① https://www.wdzj.com/news/fangtan/18150.html.
② https://www.wdzj.com/news/pingtai/20504.html.
③ https://www.wdzj.com/news/pingtai/81066.html.
④ https://www.wdzj.com/news/yc/3279992.html.

第四节 互联网金融品牌强度与效率关系分析

一、36家平台企业品牌强度与效率对比分析

根据前文对互联网金融门户上的 36 家平台企业在 2015 年 2 月 – 2017 年 12 月中品牌强度和品牌效率的计算结果，本节对不同平台企业的两种排名情况进行了比较，发现了品牌强度和品牌效率之间存在的对应关系。具体排名比较见表 8 – 3。

表 8 – 3　　36 家网贷平台企业品牌强度与效率排名对比

序号	平台名称	效率值	效率排名	强度值	强度排名	排名差异
1	银豆网	0.362	17	0.416	17	0
2	抱财网	0.277	22	0.378	22	0
3	人人贷	0.957	1	0.623	2	1
4	宜人贷	0.908	2	0.671	1	1
5	PPmoney	0.516	7	0.497	8	1
6	麻袋理财	0.408	12	0.460	11	1
7	礼德财富	0.274	23	0.365	24	1
8	网利宝	0.204	28	0.356	29	1
9	新联在线	0.152	31	0.353	30	1
10	温州贷	0.118	35	0.317	34	1
11	小牛在线	0.387	13	0.422	15	2
12	翼龙贷	0.874	4	0.558	7	3
13	有利网	0.664	6	0.617	3	3

续表

序号	平台名称	效率值	效率排名	强度值	强度排名	排名差异
14	爱钱进	0.476	10	0.593	6	4
15	合时代	0.251	26	0.407	18	8
16	向上金服	0.456	11	0.388	20	9
17	365易贷	0.269	24	0.330	33	9
18	粤商贷	0.149	32	0.373	23	9
19	微贷网	0.387	14	0.608	4	10
20	拍拍贷	0.382	15	0.593	5	10
21	投哪网	0.331	19	0.490	9	10
22	积木盒子	0.324	20	0.479	10	10
23	e路同心	0.375	16	0.358	27	11
24	生菜金融	0.324	21	0.335	32	11
25	新新贷	0.252	25	0.285	36	11
26	短融网	0.139	34	0.385	21	13
27	人人聚财	0.251	27	0.456	12	15
28	果树财富	0.188	29	0.449	13	16
29	广信贷	0.171	30	0.442	14	16
30	永利网	0.338	18	0.305	35	17
31	恒信易贷	0.145	33	0.416	16	17
32	合拍在线	0.098	36	0.389	19	17
33	汇盈金服	0.694	5	0.360	25	20
34	安心贷	0.496	8	0.356	28	20
35	91旺财	0.492	9	0.347	31	22
36	合力贷	0.900	3	0.360	26	23

表8-3中"排名差异"的数值是指品牌强度排名与品牌效率排名之差的绝对值，它代表了平台企业品牌强度与品牌效率的拟合好坏程度。从总体来看，在36家样本P2P平台企业中，排名差异性数值大于等于13的P2P平台仅有11家，这表明绝大部分平台的品牌强度和品牌

效率排名具有一致性。

36 家网贷平台企业运营状况见表 8-4。

表 8-4   36 家网贷平台企业运营状况①

序号	平台名称	平台情况	
1	91 旺财	风投系	
2	365 易贷	国资控股	
3	e 路同心	国资参股	
4	**PPmoney**	风投系	
5	爱钱进	风投系	
6	安心贷	民营系	2018 年 11 月 30 日被立案
7	抱财网	上市参股	逾期严重
8	短融网	风投系	逾期
9	广信贷	风投系	
10	果树财富	上市参股	
11	合力贷	风投系	2018 年 7 月 13 日良性退出网贷行业
12	合拍在线	民营系	2018 年 10 月 3 日被立案
13	合时代	民营系	2018 年 7 月 16 日停业整顿
14	恒信易贷	风投系	
15	积木盒子	风投系	
16	礼德财富	国资参股	法人代表跑路被捕
17	麻袋财富	国资参股	
18	拍拍贷	股权上市	
19	投哪网	上市控股	
20	人人贷	风投系	
21	人人聚财	民营系	

① 备注：加粗的平台是经侦介入的。经侦介入是指经济犯罪侦查警察介入调查。如果 P2P 平台被经济犯罪侦查警察介入调查，很可能是涉嫌犯罪，成为问题平台。

续表

序号	平台名称	平台情况	
22	汇盈金服	民营系	
23	生菜金融	国资参股	逾期
24	网利宝	上市参股	
25	微贷网	股权上市	
26	掌存宝（原温州贷）	上市参股	
27	向上金服	民营系	
28	小牛在线	民营系	
29	新联在线	国资参股	2018年9月30日平台高管被捕
30	新新贷	国资参股	
31	宜人贷	股权上市	
32	翼龙贷	上市参股	
33	银豆网	国资控股	2018年7月18日停止运营
34	永利宝	风投系	跑路
35	有利网	风投系	
36	粤商贷	民营系	

二、36家网贷平台企业品牌强度与效率梯队排序

按品牌强度和品牌效率差异性的得分进行排序，可将36家P2P平台企业分为3个梯队，排名差异性得分≤4的，为第一梯队，排名差异性得分 >4 且≤13 的，为第二梯队，排名差异性得分 >13 的，为第三梯队。具体梯队划分如表8-4、表8-5、表8-6所示。

表8-5　　36家平台企业品牌强度与效率第一梯队状况

序号	平台名称	效率值	效率排名	强度值	强度排名	排名差异性
1	银豆网	0.362	17	0.416	17	0
2	抱财网	0.277	22	0.378	22	0

续表

序号	平台名称	效率值	效率排名	强度值	强度排名	排名差异性
3	人人贷	0.957	1	0.623	2	1
4	宜人贷	0.908	2	0.671	1	1
5	PPmoney	0.516	7	0.497	8	1
6	麻袋理财	0.408	12	0.460	11	1
7	礼德财富	0.274	23	0.365	24	1
8	网利宝	0.204	28	0.356	29	1
9	新联在线	0.152	31	0.353	30	1
10	温州贷	0.118	35	0.317	34	1
11	小牛在线	0.387	13	0.422	15	2
12	翼龙贷	0.874	4	0.558	7	3
13	有利网	0.664	6	0.617	3	3
14	爱钱进	0.476	10	0.593	6	4

在第一梯队中共有 14 家 P2P 平台企业，它们的排名差异性均小于等于 4。该方阵中，又可以分为两种情况：（1）平台的品牌强度高，平台的品牌效率也相对较高，如人人贷、宜人贷、翼龙贷、有利网、PPmoney、爱钱进、麻袋理财。品牌强度和品牌效率双高的平台，由于运营情况较好，网络形象好，安全性较高，运营整体处于稳定状态。（2）平台的品牌强度较低，平台的品牌效率也相对较低，如温州贷、新联在线、网利宝、礼德财富、抱财网、银豆网。相反，品牌强度低对应的品牌效率也低，平台由于运营情况差，形象也较差，安全性也较低，除网利宝外，温州贷、新联在线、礼德财富、抱财网、银豆网几家平台已经"跑路"，或经侦介入（指经济犯罪侦查警察介入调查）。

表 8-6　　36 家平台企业品牌强度与效率第二梯队状况

序号	平台名称	效率值	效率排名	强度值	强度排名	排名差异性
1	合时代	0.251	26	0.407	18	8
2	向上金服	0.456	11	0.388	20	9
3	365 易贷	0.269	24	0.330	33	9
4	粤商贷	0.149	32	0.373	23	9
5	微贷网	0.387	14	0.608	4	10
6	拍拍贷	0.382	15	0.593	5	10
7	投哪网	0.331	19	0.490	9	10
8	积木盒子	0.324	20	0.479	10	10
9	e 路同心	0.375	16	0.358	27	11
10	生菜金融	0.324	21	0.335	32	11
11	新新贷	0.252	25	0.285	36	11

在第二梯队中共有 11 家 P2P 平台企业，它们的排名差异性均大于等于 8 且小于等于 13。该方阵中，又可以分为两种情况：(1) 品牌强度和品牌效率均相对排名靠前，如微贷网、拍拍贷、投哪网、向上金服、积木盒子。目前，这几家运营情况相对较好，网络形象也较好，安全性也较高，运营整体处于相对稳定状态。(2) 品牌强度和品牌效率的排名均相对靠后。如 365 易贷、合时代、粤商贷、新新贷、生菜金融、e 路同心。平台的品牌效率的排名不是太高，平台的品牌强度排名也不是很高，网络形象不是较好，安全性也较低，运营整体处于相对不稳定状态。其中，365 易贷、合时代已经"跑路"，或经侦介入（指经济犯罪侦查警察介入调查）。预计粤商贷、新新贷、生菜金融、e 路同心很有可能也会存在某些问题。

表 8-7　　36 家平台企业品牌强度与效率第三梯队状况

序号	平台名称	效率值	效率排名	强度值	强度排名	排名差异性
1	短融网	0.139	34	0.385	21	13
2	人人聚财	0.251	27	0.456	12	15
3	果树财富	0.188	29	0.449	13	16
4	广信贷	0.171	30	0.442	14	16
5	永利网	0.338	18	0.305	35	17
6	恒信易贷	0.145	33	0.416	16	17
7	合拍在线	0.098	36	0.389	19	17
8	汇盈金服	0.694	5	0.360	25	20
9	安心贷	0.496	8	0.356	28	20
10	91 旺财	0.492	9	0.347	31	22
11	合力贷	0.900	3	0.360	26	23

在第三梯队中共有 11 家 P2P 平台企业，它们的排名差异性得分在 13~23 之间。与前两个梯队相比，第三梯队平台企业的品牌强度和品牌效率的相关性相对较低，有的平台品牌强度排名较好，但其品牌效率排名却很低；而有的平台品牌强度排名很低，但其品牌效率排名却很靠前。如果其品牌强度和品牌效率相差很大，则出现问题的概率比较多。迄今为止，果树财富、永利网、合拍在线、安心贷、合力贷物价平台已经"跑路"，或经侦介入（指经济犯罪侦查警察介入调查）。剩余的短融网、人人聚财、广信贷、恒信易贷、汇盈金服、91 旺财几家平台，存在的问题也比较严重。特别是安心贷、合力贷、91 旺财、汇盈金服这 4 家平台，他们的品牌效率很高，但是平台的品牌强度却很差，这是比较反常的。安心贷、合力贷作为品牌效率最好的几家网络平台倒闭，说明互联网金融门户平台上的企业品牌效率存在数据造假现象。由于网贷之家仅仅提供了平台企业运营的技术服务，运营平台企业的真正的项目运营数据、财务数据等网贷之家并不掌握，因此出现了这种现象。

| 第九章 |

互联网金融品牌研究结论及对策建议

互联网金融呈现出的"野蛮生长""过度竞争"及"合法性质疑"等,使得政府对互联网金融行业的整治有了过头倾向并对该行业产生了不利影响。由于互联网金融行业监督难度大,社会舆论导向给互联网金融行业发展也带来了不利影响。本章构建的互联网金融品牌强度指标体系及互联网金融品牌效率测评体系,将品牌强度的一般性指标与互联网金融的特殊性指标相结合,作为互联网金融的行业测评指标,便于利益相关者特别是监管部门识别、引导和监管互联网金融机构。

第一节 互联网金融品牌强度研究结论

一、互联网金融品牌强度的测量指标

互联网金融品牌强度可以用具体的研究变量来定性测量。互联网金融的品牌强度可以用人文因素、技术因素和商业因素测量，三大因素又包含了许多具体变量。确定互联网金融品牌强度研究变量是构建其研究模型的基础。本节采用了互联网金融品牌模型要素赋值，采用模糊综合评价法，通过构造等级模糊子集把反映被评事物的模糊指标进行量化（即确定隶属度），然后利用模糊变换对各项指标综合计算。通过采纳专家意见，我们删除权重影响较小的互联网金融品牌要素，本研究共计留下13个互联网品牌强度的计算指标。

（一）互联网金融品牌的人文测量指标

消费者个性对互联网金融推广有直接关联性。研究互联网金融必然要关注消费者个性、品牌个性、品牌感知、品牌信任、品牌满意度和企业社会道德责任等。这些人文因素会对互联网金融品牌造成一定影响。人文因素是互联网金融品牌强度的重要指标，影响的权重达到0.301，互联网金融品牌的人文因素主要由4个子指标构成，即：

1. 互联网金融品牌的个性

品牌个性的影响权重达到0.073。个性通常被定义为个体事物特有的特征，品牌个性是由某一品牌联想出来的一组人类特征。互联网金融品牌的个性主要体现在互联网金融品牌的业务定位的专业化程度和网贷平台入网会员数。从上海网贷之家提供的平台金融企业看，有专门从事个人贷款的，有专门从事小微企业贷款的，有专门从事家用购置汽车贷款的，有专门从事住房购买贷款的。这些互联网金融业务定位构成了互联网金融企业的品牌特征。

2. 互联网金融品牌的知名度

品牌知名度的影响权重达到0.146。品牌知名度是衡量消费者心目中的品牌感知。互联网金融的品牌知名度是由品牌联想和品牌认知构成的，是消费者在消费前通过市场的媒体所察觉的对于品牌的第一印象。我国金融机构对企业品牌宣传打造由来已久，各家银行和融资机构对品牌宣传都很重视。近年来，互联网金融企业和互联网金融平台对品牌宣传投入越来越重视。实践证明，互联网金融知名度不仅能给企业带来人气度、投资额，而且还有利于企业抗拒市场风险。互联网金融品牌知名度主要由互联网金融的社会认知度和互联网金融平台的人气度构成。由于互联网的技术便利所致，互联网金融平台人气度指标比较容易采集。

3. 互联网金融品牌的网络满意度

网络满意度的影响权重达到0.051。顾客满意是一种理性判断，它是消费者对于其在消费过程中付出与收获的主观反映。如果收获大于付出，消费者会表现出喜悦和满意状态。互联网金融的网络满意度的测量，可以从服务感知、技术设计、信息对称、信任感知、价值感知等维度来测量。互联网金融业务是在互联网技术平台上开展的，网络的运用技术指标容易导致用户的满意和不满意。近年来，互联网金融平台纷纷加大网络技术投入，改进服务流程，提高服务态度，目的就是提升用户网络满意度。由于互联网的技术便利所致，互联网金融平台网络满意度指标比较容易采集。

4. 互联网金融的社会道德责任履行

社会道德责任的影响权重达到 0.031。互联网金融企业的道德责任，是指互联网金融企业应当对公民和社会行使规范的经济职责。互联网金融行业常见的道德行为缺失包括信用违约、恶意欺诈、挪用资金、信息造假、网络洗钱和数据泄露等。企业不道德和不负责任的经营方式对社会的危害越来越大。互联网金融企业作为互联网的一个平台，应当承担社会道德责任。在互联网金融领域，如果出现了社会道德问题，将导致企业资金运行的风险，严重的将影响整个行业发展。随着国内金融行业的不断发展，金融行业的品牌道德意识在逐步加强，互联网金融的安全性、开放性、社会责任等逐步提上议事日程。尽管目前还不尽如人意，制度设计以及实践上都存在一些问题，但是强化互网络金融的社会责任应该是大方向。当然，加强互联网金融的监管必须健全互联网金融法律法规。

（二）互联网金融品牌的技术测量指标

互联网金融技术是影响互联网金融成功与否的重要因素，其对互联网金融的影响权重达到 0.216。影响互联网金融的技术因素虽然有很多，但是，总体上可以将互联网金融技术因素归类为易用性因素、安全性因素、透明性因素和隐私性因素。这些技术指标对于理解互联网金融的技术因素的边界条件，以及指导互联网金融监管有重要意义。互联网金融品牌的技术指标主要由 4 个子指标构成，即：

1. 互联网金融品牌的易用性

易用性的影响权重达到 0.065。互联网金融的易用性，是指用户认为通过互联网平台享受金融产品或服务的容易程度。感知易用性使顾客对信息系统的使用态度有积极影响。互联网金融的感知易用性可以从以下几方面进行测量：即感觉网上支付的操作过程容易熟练掌握；使用网上支付不会花费太多的时间和精力；感觉网上支付的指引清晰明确；感觉网上支付容易学习掌握；使用网上支付简单方便。

2. 互联网金融品牌的安全性

安全性的影响权重达到 0.077。互联网金融的安全性，是指消费者对互联网金融机构的感知安全，涉及资金、数据以及交易等方面的安全。网上银行的安全主要包括交易系统安全和数据库系统安全。在网络通信环节中，要有效地防范任何来自系统内部或外部对通信数据的非法截取、篡改和窥视，采用严格的数据加密技术来保障通信的安全性。网络安全性直接影响顾客对于网上银行的满意度和忠诚度。

3. 互联网金融品牌的透明性

透明性的影响权重达到 0.054。透明性是为了对互联网金融进行风险监控，互联网金融平台的运营资金与所服务的投资人、借款人的资金分离，出资人的出资金额与实际走向需要透明、可追溯。目前，政府金融监管部门对互联网金融企业实施了严格的披露制度，以加强透明性。防止互联网金融企业恶意欺诈、挪用资金、信息造假等。

4. 互联网金融品牌的隐私性

隐私性的影响权重达到 0.020。互联网金融的隐私性，是指网上银行保障其客户个人信息和财产信息的不外露的程度。隐私性通过信任等因素直接或间接地对客户是否采用网上银行及互联网理财产品的行为产生影响。互联网金融隐私性的技术改进措施要集中在网络信息数据维护技术、计算机网络信息保密技术、网络通信中数据传输安全分析、基于大数据的威胁发现技术四个方面。互联网金融网必须致力于保障用户个人信息、资金信息不外露，才能塑造可靠的网上品牌形象。

（三）互联网金融品牌的商业测量指标

测定互联网金融企业的品牌强度，必须考察互联网金融企业商业营利性指标。互联网金融企业商业营利性指标，是指一系列能够评价其营利能力、规模效应、成长能力、成本控制能力、营运能力等客观状态的指标。互联网金融品牌的商业营利性指标的影响权重达到 0.483。互联网金融品牌的商业营利性指标主要由五个子指标构成，即：

1. 互联网金融品牌的成交额

成交额的影响权重达到 0.072。成交额，是指互联网网贷平台企业当天成交金额总数。成交额不仅取决于市场的投资热情，还取决于相应产品的吸引力大小，以及投资者对该产品的熟悉程度。成交额是互联网金融平台的盈利能力的重要因素之一。

2. 互联网金融品牌的平均收益率

平均收益率的影响权重达到 0.136。平均收益率又称平均报酬率，是指投资项目年平均净收益与该项目平均投资额的比率，即扣除所得税和折旧之后的项目平均收益除以整个项目期限内的平均账面投资额。在财务管理中，平均收益率，是指平均每年的净现金流量与投资的比率。

3. 互联网金融品牌的杠杆性

杠杆性的影响权重达到 0.078。金融行业的杠杆就是指负债，杠杆率就是资产与银行资本的比率。资金杠杆是企业过度举债投资于高风险的活动，遇到投资获利不如预期时，杠杆作用的乘数效果加速了企业的亏损以及资金的缺口。负债比越高，杠杆效果就越大。合理运用杠杆原理，有助于企业合理规避风险，提高资金营运效率。

4. 互联网金融品牌的流动性

流动性的影响权重达到 0.097。流动性是指金融机构到期偿付债务的能力，金融机构的清偿力一般由金融机构的资产和负债比例与结构所决定。流动性，是指金融机构满足存款人提取现金、支付到期债务和借款人正常贷款需求的能力。金融机构提供现金满足客户提取存款的要求和支付到期债务本息，这部分现金称为"基本流动性"。流动性被视为商业银行的生命线。流动性不仅直接决定着单个商业银行的安危存亡，对整个国家经济的稳定都至关重要。

5. 互联网金融品牌的分散度（资产质量）

分散度（资产质量）的影响权重达到0.100。商业银行在资产负债管理中必须遵循风险"分散化"原则。如将资金分配运用于贷款和投资业务，应当尽量将贷款和投资的数量和种类分散，避免因过分集中于某种贷款和投资而增加风险。用多样化的投资来分散降低风险。

经过专家赋权，上述13个互联网品牌强度的计算指标，一级指标其权重按照大小排列依次为商业因素（0.483）、人文因素（0.311）、技术因素（0.196）。

商业因素中的影响因子，其权重按照大小排列依次为：平均收益率（0.136）、分散度（资产质量）（0.100）、流动性（0.097）、杠杆性（0.078）、成交额（0.072）。

人文因素中的影响因子，其权重按照大小排列依次为：品牌知名度（人气度+社会认知度）（0.146）、品牌个性（专业化程度+会员数）（0.073）、网络满意度（0.051）、社会责任履行（道德、法律）（0.031）。

技术因素中的影响因子，其权重按照大小排列依次为：安全性（0.077）、易用性（0.065）、透明性（0.054）、隐私性（0.020）。

二、互联网金融品牌强度的计算结果

网贷平台36家金融企业品牌强度的平均值为0.432，其中品牌强度较高的平台依次为：宜人贷（0.671）、人人贷（0.623）、有利网（0.617）、微贷网（0.608）、拍拍贷（0.593）、爱钱进（0.593）等。品牌强度较低的平台依次为：新新贷（0.285）、永利网（0.305）、温州贷（0.317）、365易贷（0.330）、生菜金融（0.335）、91旺财（0.335）等。

网贷平台36家金融企业的品牌强度差异较大。第三梯队的平台数量最多，为12家，第二梯队的平台数量次之，为11家，第一梯队的平台数量再次之，为7家，第四梯队的平台数量最少，为6家。第一梯队与第二梯队的平台数量之和占了总平台数量的一半，由此可见，品牌强度较好的平台企业与品牌强度较差的平台企业在数量上基本相等。品牌强度值如下：

第一梯队包括7家平台企业，其品牌强度都在0.55以上，7家平台企业品牌强度均值为0.609。各平台的品牌强度依据品牌强度均值排序如下：宜人贷（0.671）、人人贷（0.623）、有利网（0.617）、微贷网（0.608）、拍拍贷（0.593）、爱钱进（0.593）、翼龙贷（0.558）。

第二梯队选取了11家平台企业，其品牌强度都在0.4以上，11家平台企业品牌强度均值为0.449。各平台的品牌强度依据品牌强度均值排序如下：PPmoney（0.497）、投哪网（0.490）、积木盒子（0.479）、麻袋理财（0.460）、人人聚财（0.456）、果树财富（0.449）、广信贷（0.442）、小牛在线（0.422）、恒信易贷（0.416）、银豆网（0.416）、合时代（0.407）。

第三梯队选取了12家平台企业，其品牌强度都在0.35以上，12家平台企业的品牌强度均值为 0.368。各平台的品牌强度依据品牌强度均值排序如下：合拍在线（0.389）、向上金服（0.388）、短融网（0.385）、抱财网（0.378）、粤商贷（0.373）、礼德财富（0.365）、汇盈金服（0.360）、合力贷（0.360）、e 路同心（0.358）、安心贷（0.356）、网利宝（0.356）、新联在线（0.353）。

第四梯队选取了 6 家平台企业，其品牌强度都在 0.35 以下，6 家平台企业的品牌强度均值为 0.320。各平台的品牌强度依据品牌强度均值排序如下：91 旺财（0.347）、生菜金融（0.335）、易贷（0.330）、温州贷（0.317）、永利网（0.305）、新新贷（0.285）。

四个梯队互联网金融企业的品牌强度相差较大。但是，36 家平台企业的品牌强度和商业强度拟合程度较好，呈现一致的变化特征，两个强度系数变化趋势基本相同，说明平台企业的商业强度对平台企业品牌强度的总体影响显著。

第二节 互联网金融品牌效率研究结论

一、互联网金融品牌效率的计算结果

企业的效率是各种因素综合作用的结果，既有体制机制方面的因素，也有投入要素方面的原因。平台企业的品牌效率，是指以尽可能少的投入获得尽可能多的产出。本章依据 EDA 模型和互联网金融企业的投入产出指标，计算互联网金融平台企业的效率。

利用已构建的品牌效率计算模型，可以计算出 36 家网贷平台企业

35个月的品牌效率的平均值。计算结果：人人贷的平台效率值最高，达 0.957；合拍在线的平台效率值最低，为 0.098；36 家平台公司的平均效率均值为 0.389。其效率平均值可以分为四个梯队：

第一梯队 7 家平台企业，其品牌平均效率值在 0.516 以上，7 家平台企业的品牌平均效率值为 0.788。各平台企业的品牌效率值依据品牌效率均值大小排序如下：人人贷（0.957）、宜人贷（0.908）、合力贷（0.900）、翼龙贷（0.874）、汇盈金服（0.694）、有利网（0.664）和 PPmoney（0.516）。

第二梯队 14 家平台，其品牌平均效率值在 0.324 以上，14 家平台企业的品牌平均效率值为 0.396。各平台企业的品牌效率值依据品牌效率均值大小排序如下：安心贷（0.49691）、旺财（0.492）、爱钱进（0.476）、向上金服（0.456）、麻袋理财（0.408）、小牛在线（0.387）、微贷网（0.387）、拍拍贷（0.382）、e 路同心（0.375）、银豆网（0.362）、永利网（0.338）、投哪网（0.331）、积木盒子（0.324）和生菜金融（0.324）。

第三梯队 7 家平台，其品牌平均效率值在 0.204 以上，7 家平台企业的品牌平均效率值为 0.254。各平台企业的品牌效率值依据品牌效率均值大小排序如下：抱财网（0.277）、礼德财富（0.274）、易贷（0.269）、新新贷（0.252）、合时代（0.251）、人人聚财（0.251）和网利宝（0.204）。

第四梯队 8 家平台，其品牌平均效率值在 0.118 以上，8 家平台企业的平均效率值为 0.145。各平台企业的品牌效率值依据品牌效率均值大小排序如下：果树财富（0.188）、广信贷（0.171）、新联在线（0.152）、粤商贷（0.149）、恒信易贷（0.145）、短融网（0.139）和温州贷（0.118）、合拍在线（0.098）。

从平台数量角度看，第一梯队的平台数量为 7 家，第二梯队的平台数量最多，为 14 家，第三梯队的平台数量为 7 家，第四梯队的平台数量次之，为 8 家。效率最好的平台企业占 19.44%，效率居中的企业占 58.33%，效率最差的企业占 19.44%。由此可见，效率值较高的平台企业与效率值较低的平台企业相差不大。

从品牌效率平均值角度看，第一梯队平台品牌效率的均值为 0.788，第二梯队平台效率的均值为 0.396，第三梯队平台效率的均值为 0.254，第四梯队平台效率的均值为 0.145。第一梯队的均值与第四梯队均值相差 0.643，由此可见，品牌效率值高的平台企业与品牌效率值低的平台企业相差较大。

二、互联网金融品牌强度与效率值拟合度比较

按品牌强度和品牌效率差异性的得分进行排序，可将 36 家 P2P 平台企业分为 3 个梯队，排名差异性得分 ≤4，为第一梯队，排名差异性得分 >4 且 ≤13，为第二梯队，排名差异性得分 >13，为第三梯队。

第一梯队 14 家 P2P 平台企业拟合度分析。该方阵的排名差异性均小于等于 4。该方阵中，又可以分为两种情况：（1）平台的品牌强度高，平台的品牌效率也相对较高，如人人贷、宜人贷、翼龙贷、有利网、PPmoney、爱钱进、麻袋理财。品牌强度和品牌效率双高的平台，由于运营情况较好，网络形象好，安全性较高，运营整体处于稳定状态。（2）平台的品牌强度较低，平台的品牌效率也相对较低，如温州贷、新联在线、网利宝、礼德财富、抱财网、银豆网。相反，品牌强度低对应的品牌效率也低，平台由于运营情况差，形象也较差，安全性也较低，除网利宝外，温州贷、新联在线、礼德财富、抱财网、银豆网几家平台已经"跑路"，或经侦介入（指经济犯罪侦查警察介入调查）。

第二梯队 11 家 P2P 平台企业拟合度分析。该方阵的排名差异性均大于等于 8 且小于等于 13。该方阵中，又可以分为两种情况：（1）品牌强度和品牌效率均相对排名靠前，如微贷网、拍拍贷、投哪网、向上金服、积木盒子。目前，这几家运营情况相对较好，网络形象也较好，安全性也较高，运营整体处于相对稳定状态。（2）品牌强度和品牌效率的排名均相对靠后，如 365 易贷、合时代、粤商贷、新新贷、生菜金融、e 路同心。平台的品牌效率的排名不是太高，平台的品牌强度排名也不是很高，网络形象不是较好，安全性也较低，运营整体处于相对不稳定状态。其中，365 易贷、合时代已经"跑路"，或经侦介入（指经济犯罪侦查警察介入调查）。预计粤商贷、新新贷、生菜金融、e 路同心很有可能也会存在某些问题。

第三梯队 11 家 P2P 平台企业拟合度分析。该方阵的排名差异性得分在 13 - 23 之间。与前两个梯队相比，第三梯队平台企业的品牌强度和品牌效率的相关性相对较低，有的平台品牌强度排名较好，但其品牌效率排名却很低；而有的平台品牌强度排名很低，但其品牌效率排名却很靠前。如果其对于品牌强度和品牌效率相差很大，则出现问题的概率比较多。迄今为止，果树财富、永利网、合拍在线、安心贷、合力贷物价平台已经"跑路"，或经侦介入（指经济犯罪侦查警察介入调查）。剩余的短融网、人人聚财、广信贷、恒信易贷、汇盈金服、91 旺财几家平台，存在的问题也比较严重。特别是安心贷、合力贷、91 旺财、汇盈金服这 4 家平台，它们的品牌效率很高，但是平台的品牌强度却很差，这是比较反常的。安心贷、合力贷作为品牌效率最好的几家网络平台倒闭，说明平台的品牌效率存在造假现象。由于网贷之家仅仅提供了平台企业运营的技术服务，运营平台企业的真正的财务指标网贷之家并不掌握，因此出现了这种现象。

36家平台企业品牌强度与效率值拟合度分析见图9-1。

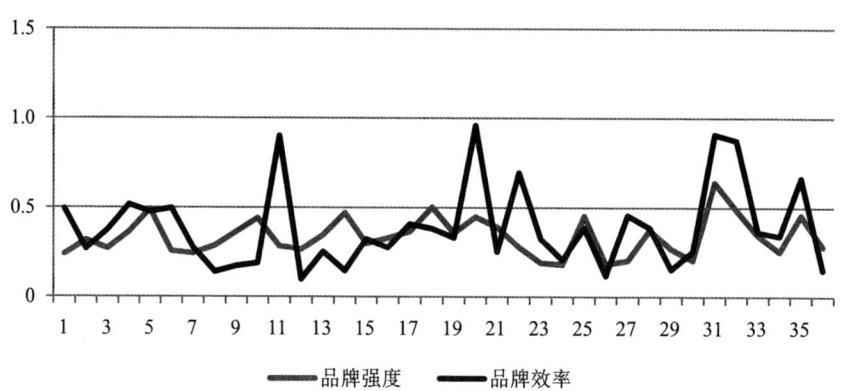

图9-1 36家平台企业平均品牌强度与效率值折线图

36家平台企业平均品牌强度与效率值见图9-2。

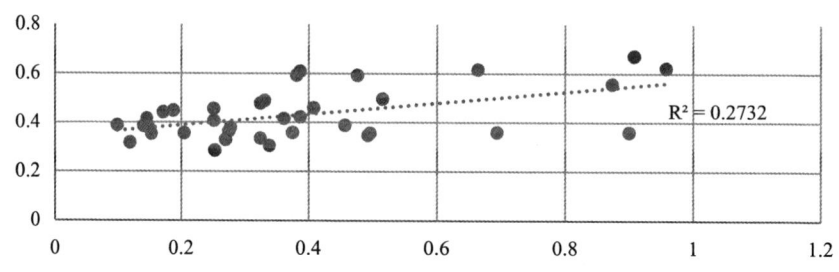

图9-2 36家平台企业平均品牌强度与效率值散点图

从上述图9-1和图9-2可以看出，互联网金融品牌强度与品牌效率值有显著关联性，两者的拟合趋势是一致的，因为存在互联网金融企业财务报表作假现象，所以，拟合值在数量上还存在一定的差异。但是，这并不影响互联网金融品牌强度与品牌效率值有显著关联性的判断。

第三节　互联网金融品牌发展对策建议

一、重视互联网金融品牌六大核心指标的监控

对行业监管是国际运营惯例。监管必须有行业监管具体指标，影响互联网金融行业运营的指标很多，建议央行或银监局应该紧紧抓住互联网金融的核心指标进行监管。中国银行业监督管理委员会（银监会令〔2016〕1号）发布的《网络借贷信息中介机构业务活动管理暂行办法》，要求网络借贷信息中介机构必须提供真实、有效的服务信息。互联网金融企业的商业因素对其品牌强度的影响显著，从其权重看，几乎占到了互联网金融品牌的一半。另外，考察互联网金融品牌，还要兼顾互联网金融品牌人文因素和技术因素。在三大影响因素中，必须高度重视其中的六大核心指标：（1）平均收益率，即平均每年的净现金流量与投资的比率；（2）分散度，即将贷款和投资的数量和种类分散；（3）品牌知名度，它包括平台门户的人气度和社会认知度；（4）品牌个性，它包括平台门户的专业化程度和门户会员数；（5）易用性，指用户认为通过互联网平台享受金融产品或服务的容易程度；（6）安全性，指消费者对互联网金融机构的感知安全。上述六大核心指标占互联网金融品牌强度影响比例的60%，这些指标对消费者判断互联网金融企业项目风险和收益有重要支撑作用。上述六大核心指标联网、采集和发布应该是网络借贷信息中介机构高度重视的工作。同样，央行或银监局应该将上述六大核心指标作为对网络借贷信息中介机构监管的抓手。

二、重视互联网金融品牌强度的第三方评价

建议中国银保监会将互联网金融品牌强度纳入第三方评价体系。在传统银行业,银行的品牌战略已经构成银行发展的核心竞争力。正因为如此,中外银行机构均高度重视品牌发展。2001 年以来,我国银行业纷纷加大品牌推广工作(何海明,2009)[①]。在 CCTV 投放的广告逐年大幅度增长,投放总量位居前茅。中国金融业将面临更充分的市场竞争,只有特色化经营、差异化定位、品牌化创新的企业才能在竞争的红海中占据一席之地。近年来,手机银行、电商平台已成为几大国有银行主推的业务方向(刘明,李硕,陈露,2014)[②]。业界人士认为,品牌强度应该纳入互联网金融评价体系。经党中央、国务院同意,中国人民银行颁发的《关于促进互联网金融健康发展的指导意见》(银发〔2015〕221 号)第九条明确规定,网络借贷信息中介机构,应当依据法律法规及合同约定为出借人与借款人提供甄别筛选以及资信评估等服务。互联网金融品牌强度是直接影响顾客心理行为和信心的重要因素。通过本课题互联网金融品牌强度计算,我们可以看出,一般情况下,互联网金融品牌强度高的企业,其市场风险相对较低;反之,互联网金融品牌强度低的企业,其市场风险相对较高。网络借贷信息中介机构有义务提请第三方机构提供互联网金融企业品牌强度评估,并依据网络借贷信息中介机构信息平台发布的数据,定期动态地发布互联网金融品牌强度评估报告,为消费者综合理性地认识互联网金融企业提供帮助。

---

① 何海明. 金融机构的品牌意识在不断增强, blog.sina.com.cn/s/blog_4e5d6f70100czux.html. 2009 - 4 - 11.

② 刘明,李硕,陈露. 五大国有银行品牌传播之道,央视网,h1118.cctv.com/2014/03/05/ARTI1394002328736808.shtml.

三、重视互联网金融品牌效率的第三方评价

建议中国银保监会将互联网金融品牌效率纳入第三方评价体系。品牌效率是支撑品牌长青的基础，考察互联网金融企业运营好坏必须将品牌效率纳入考评体系。传统银行业对银行效益的评价是通过立法形式确定的。2015 年 8 月 29 日全国人民代表大会批准通过的《中华人民共和国商业银行法》（主席令第 34 号）第四条明确指出，商业银行以效益性、安全性、流动性为经营原则，实行自主经营，自担风险，自负盈亏，自我约束。反复实践证明，互联网金融企业就是金融企业，从事的业务是金融业务，过去认为互联网金融平台仅仅提供平台信息服务的看法显然不被越来越多的专家认同。对互联网金融企业来说，品牌效率依然是企业的生命线，是企业能否赖以生存发展的基础。本课题的互联网金融企业品牌效率计算采用了金融业界常用的 DEA 效率测算模型，结论具有普适性。计算结果表明，一般情况下，品牌效率高的互联网金融企业，其风险较低；反之，品牌效率低的互联网金融企业，其风险较高。为了有效防范互联网金融企业"跑跑"现象的发生，预警互联网金融市场风险，稳定国家金融秩序和维护社会的安定团结，网络借贷信息中介机构有义务提请第三方机构提供互联网金融企业品牌效率评估，并依据网络借贷信息中介机构信息平台发布相关数据。互联网金融机构品牌效率较好地反映了互联网金融机构业务开展的情况，特别是项目运营的经济效益状况。定期动态地发布互联网金融品牌效率评估报告，为消费者全面理性地认识互联网金融企业提供了帮助。

四、重视互联网金融品牌强度与效率拟合度评价

建议中国银保监会将互联网金融品牌强度与品牌效率拟合度纳入第

三方评价体系。由于互联网金融行业的复杂性，以及国务院银行业监督管理机构对互联网金融平台宣传的约束较多，导致互联网金融企业不能向商业银行那样，直接通过传统媒体和互联网新媒体大力宣传自己的业务和企业品牌。互联网金融品牌强度与互联网金融效率高低有时存在拟合度差异较大的现象。另外，由于目前互联网行业发展速度较快，国务院银行业监督管理机构和网络借贷信息中介机构等对互联网金融企业业务数据的监控尚不完全到位，市场中存在部分互联网金融企业上报的业务项目数据虚假的现象，一些所谓"高效率""高品牌强度"的互联网金融公司"跑跑"现象充分说明了这些情况。从本课题计算结果看，互联网金融品牌强度和互联网金融品牌效率拟合度能够较好地克服上述问题。从计算结果看，互联网金融品牌强度较高、效率也较高的金融企业，其市场风险较小；反之，风险较大的互联网金融企业主要是：（1）互联网金融品牌强度很高、品牌效率很低的金融企业；（2）互联网金融品牌强度很低，品牌效率很高的企业；（3）互联网金融品牌强度很低，品牌效率也很低的企业。网络借贷信息中介机构有义务提请第三方机构提供互联网金融企业品牌效率评估，并依据网络借贷信息中介机构信息平台发布的数据，定期动态地发布互联网金融品牌效率评估报告，为消费者综合理性地认识互联网金融企业提供帮助。

五、中国银保监会应该扎口管理互联网金融行业

建议国家消除多头监管，对互联网金融行业扎口监管。长期以来，互联网金融行业实施多头监管方式。2015年7月，经党中央、国务院同意，中国人民银行、工业和信息化部、公安部、财政部、国家工商总局、国务院法制办、原中国银行业监督管理委员会、中国证券监督管理委员会、原中国保险监督管理委员会、国家互联网信息办公室联合印发

了《关于促进互联网金融健康发展的指导意见》（银发〔2015〕221号）。该意见的第四条规定：国务院银行业监督管理机构及其派出机构负责制定网络借贷信息中介机构业务活动监督管理制度，并实施行为监管。各省级人民政府负责本辖区网络借贷信息中介机构的机构监管。工业和信息化部负责对网络借贷信息中介机构业务活动涉及的电信业务进行监管。公安部牵头负责对网络借贷信息中介机构的互联网服务进行安全监管，依法查处违反网络安全监管的违法违规活动，打击网络借贷涉及的金融犯罪及相关犯罪。国家互联网信息办公室负责对金融信息服务、互联网信息内容等业务进行监管。2016年8月，原中国银监会会同工业和信息化部、公安部、国家互联网信息办公室等部门颁发了《网络借贷信息中介机构业务活动管理暂行办法》（银监会〔2016〕1号），文件明确指出，互联网金融监管应遵循"依法监管、适度监管、分类监管、协同监管、创新监管"的原则。实践证明，对互联网金融行业的多头监管效果不显著。多头监管存在推诿扯皮、监管缺位的现象。互联网金融企业虽然不是银行，但是从事的业务属于金融业务，尽管互联网金融企业使用了大量互联网技术、移动技术、大数据技术、智能技术等作为辅助手段，仅仅是为互联网金融业务提供服务支撑，依据互联网技术特征实施所谓"分类管理"，这显然忽略了互联网金融业务的金融属性本质，监管原则应该改为"依法监管、扎口监管、协同监管、创新监管"。

六、规范互联网金融机构的资信评级工作

建议对互联网金融行业企业及信贷者实施行业信用评级制度。互联网金融机构隶属金融行业，金融行业信用评级有行业惯例性，也具有国际性。对金融机构进行资信评级十分必要。信用评级有助于企业防范商

业风险，为现代企业制度的建设提供了良好的条件；信用评级有利于资本市场的公平、公正、诚信；信用评级是商业银行确定贷款风险程度的依据和信贷资产风险管理的基础。2016年10月13日，国务院法制办在官网发布了中国人民银行关于《信用评级业管理暂行办法（征求意见稿）》公开征求意见的通知（以下简称《征求意见稿》），为征信评级设立统一的行业标准。《征求意见稿》对信用评级机构管理、信用评级从业人员管理、信用评级程序及业务规则、独立性要求、信息披露要求、监督管理等方面提出67条详细要求。目前，我国信用评级业的监管，由国家发改委、央行、中国证监会等在各自领域进行归口管理。比如，企业债的监管归发改委，交易所公司债的监管归中国证监会，非金融企业融资工具的监管归央行。因此，为规范互联网金融机构市场行为，建议中国人民银行扎口管理互联网金融机构的资信评级。另外，按照中国人民银行颁发的《关于促进互联网金融健康发展的指导意见》（银发〔2015〕221号）第五条，地方金融监管部门负责为网络借贷信息中介机构办理备案登记。但是，建议修改第五条中的"备案登记不构成对网络借贷信息中介机构经营能力、合规程度、资信状况的认可和评价"，改为"备案登记时对网络借贷信息中介机构的经营能力、合规程度、资信状况进行认可和评价"。中国人民银行可以委托地方金融监管部门根据本办法和相关监管规则对备案登记后的网络借贷信息中介机构进行评估分类，并及时将备案登记信息及分类结果在官方网站上公示。欧美等发达国家，资金供求双方在P2P网络借款平台注册账号时，门槛非常高，用户必须提供相当高的信用程度的证明。本课题开发的互联网金融品牌强度和互联网金融效率测定模型对规范互联网金融机构的资信评级有借鉴作用。

七、加强互联网金融机构信息监控的力度

切实提高互联网金融门户及互联网金融运营企业信息真实性。互联网金融机构信息不准确、不真实和传递不及时已经成为制约互联网金融行业发展的顽疾。我国监管部门对此有明确要求，只是执行部门没能监管到位。早在1995年全国人民代表大会批准通过的《中华人民共和国商业银行法》（主席令第34号）第六十二条要求，中国人民银行有权依照本法随时对商业银行的存款、贷款、结算、呆账等情况进行检查监督。商业银行应当按照中国人民银行的要求，提供财务会计资料、业务合同和有关经营管理方面的其他信息。2001年中国人民银行颁发的《网上业务受理平台管理办法》（银发〔2001〕6号）第十七条规定，保管人、委托人负责平台系统运行和维护，制定技术安全管理策略，监督执行系统安全管理的实施。2015年中国人民银行颁发的《关于促进互联网金融健康发展的指导意见》（银发〔2015〕221号）第九条规定，网络借贷信息中介机构应当履行下列义务：依据法律法规及合同约定为出借人与借款人提供直接借贷信息的采集整理、甄别筛选、网上发布等相关服务；对出借人与借款人的资格条件、信息的真实性、融资项目的真实性、合法性进行必要审核。第十二条要求，借款人应当提供真实、准确、完整的用户信息及融资信息。第三十条要求，网络借贷信息中介机构应当在其官方网站上向出借人充分披露借款人基本信息、融资项目基本信息、风险评估及可能产生的风险结果、已撮合未到期融资项目资金运用情况等有关信息。第三十一条要求，网络借贷信息中介机构应当及时在其官方网站显著位置披露本机构所撮合借贷项目等经营管理信息。应当引入律师事务所、信息系统安全评价等第三方机构，对网络信息中介机构合规和信息系统稳健情况进行评估。人民银行会同有关部

门，负责建立和完善互联网金融数据统计监测体系，并实现统计数据和信息共享。由此可见，中国人民银行对互联网金融机构信息采集和发布的及时性、真实性等要求是十分严格的，但是，在我们互联网金融行业中，上述要求并没有得到真正的落实和执行。对金融机构经营数据的真实性要求，世界各国都很重视，我国的要求也是如此。既然央行可以依法对商业银行的经营业务进行随时检查监督，同样，央行也应该对互联网金融机构的经营业务进行随时检查监督。但是，为什么互联网金融信息门户发布的信息仍然不够全面，甚至不真实呢？一方面是地方金融监管部门的执行力度不够，另一方面，存管人和互联网金融信息门户企业的技术均没能与平台企业（借贷人及出借人）对接。原中国银监会办公厅《关于印发网络借贷资金存管业务指引的通知》（银监办发〔2017〕21号）第十一条明确规定，存管人的网络借贷资金存管业务技术系统应当满足以下条件，具备对接网络借贷信息中介机构系统的数据接口，能够完整记录网络借贷客户信息、交易信息及其他关键信息，并具备提供账户资金信息查询的功能。实际上，我国互联网金融信息门户运营的互联网金融企业根本做不到技术同步升级，实现信息每日审核及同步共享。有关监管部门应该加大力度，强制执行互联网金融信息平台系统数据接口对接工作。

八、加快推进互联网金融行业业务支付改革

加强互联网金融业务支付监控，是控制互联网金融风险的有力举措。对互联网金融结算问题，国家早有规定，2016年国务院颁发的《互联网金融风险专项整治工作实施方案》（国办发〔2016〕21号）的重点整治问题就是要求P2P网络借贷和股权众筹业务，守住法律底线和政策红线，落实信息中介性质，不得设立资金池。互联网金融结算必

须采取第三方支付业务。非银行支付机构不得挪用、占用客户备付金，客户备付金账户应开立在人民银行或符合要求的商业银行。开展支付业务的机构应依法取得相应业务资质，不得无证经营支付业务。2017年中国人民银行支付结算司正式发布《关于将非银行支付机构网络支付业务由直连模式迁移至网联平台处理的通知》（银支付〔2017〕209号）。通知在互联网金融领域被称为"断直连"，通知要求，银行及各金融机构要在2017年10月31日前完成网联平台和业务迁移相关准备工作。我国互联网金融行业的支付方式具有多样性，支付方式的多样性增加了互联网金融行业的风险。鉴于互联网金融亟待全新的监管模式与支付清算方式，央行最终选择另起炉灶，成立"网联"。网联的全称是非银行支付机构网络支付清算平台，主要处理支付机构发起的涉及银行账户的网络清算业务，旨在为支付机构提供统一、标准、公共的资金清算服务平台。2018年6月，央行发布关于支付机构客户备付金全部集中缴存的通知，自7月9日起，按月逐步提高支付机构客户备付金集中缴存比例，到2019年1月14日实现100%。未来，网联仍将在我国经济运行特别是支付清算工作中发挥重要作用，网联的成立是监管机构发挥两条腿走路的选择。尽管"断直连"形式上已经实现统管。但是，仍有许多问题亟待优化，如网联的首批发起企业，是不是这10家企业之后就不再纳新了，网联支付结算数据扎口到什么程度，如何监控网联的支付数据平台运营等。但是无论如何，地方政府应该积极推进"断直连"，加快推进网联结算扎口，确保互联网金融运营的市场安全。

九、重视"杠杆率"指标对互联网金融的作用

应该将"杠杆率"纳入对互联网金融企业的考核之中。传统观点认为，互联网金融业务主要是小额贷款，互联网金融企业是非金融机

构，杠杆率对考核互联网金融企业并不重要，因此，长期以来监管部门对此没有强行要求。金融企业的杠杆率是指企业的负债状况，通过金融企业资产与银行资本的比率反映出来，如果"杠杆率"过高，金融企业运营可能存在风险。在传统银行行业，"杠杆率"一直是央行考核银行企业的重要指标。2015年8月29日，全国人民代表大会批准通过的《中华人民共和国商业银行法》（主席令第34号）第三十九条明确指出，商业银行贷款应当遵守下列资产负债比例管理的规定：（1）资本充足率不得低于百分之八；（2）贷款余额与存款余额的比例不得超过百分之七十五；（3）流动性资产余额与流动性负债余额的比例不得低于百分之二十五；（4）对同一借款人的贷款余额与商业银行资本余额的比例不得超过百分之十；（5）中国人民银行对资产负债比例管理的其他规定。为安全起见，央行还根据市场变化实施"银行准备金"制度。该制度要求银行提留一定比例的存款以保证储户提款，其余的存款才能用于放贷或投资。实践证明"杠杆率"是一项行之有效的风险调控制度。但是，由于人们对互联网金融的认识不统一，长期纠缠在互联网金融企业是不是隶属金融行业，从事的业务是不是可以用传统银行的调控手段规范，目前出台的一系列互联网金融管理条规均没有将"杠杆率"纳入对互联网金融企业的要求。由于杠杆率过低，加上其他运用指标过低，导致互联网金融企业盲目扩张业务，杠杆率高，资不抵债，出现了各种问题。一旦出现"挤兑"，资金链立即断裂，导致许多互联网金融企业倒闭。为安全起见，建议建立互联网金融企业入市门槛，用登记制度梳理原互联网金融行业运营企业，对新入市的互联网金融企业严格按照新登记制度实施。避免无序扩张导致的市场风险。

十、建立健全互联网金融机构独立董事制度

积极在互联网金融企业推行独立董事制度。独立董事制度是现代公司治理结构中的重要举措。2001年8月中国证监会发布了《关于在上市公司建立独立董事制度的指导意见》，强制要求所有上市公司必须按照该意见的规定，建立独立董事制度。2004年9月中国证监会发布了《关于加强社会公众股股东权益保护的若干规定》，进一步肯定并完善了独立董事制度，新修正《中华人民共和国公司法》也明确规定了建立独立董事制度。独立董事应当按照相关法律法规和公司章程的要求，认真履行职责，维护公司整体利益，特别要关注中小股东的合法权益不受损害。独立董事应当独立履行职责，不受公司主要股东和实际控制人或者其他与公司存在利害关系的单位或个人的影响。2016年原中国银监会颁发的《网络借贷信息中介机构业务活动管理暂行办法》（银监会〔2016〕1号）第三十二条指出，网络借贷信息中介机构的董事、监事、高级管理人员应当忠实、勤勉地履行职责，保证披露的信息真实、准确、完整、及时、公平，不得有虚假记载、误导性陈述或者重大遗漏。尽管原中国银监会和中国证监会等都要求互联网金融企业必须建立独立董事制度，但是，我国互联网金融机构真正成立独立董事机构的并不是很多，有的虽然成立了独立董事机构，但是制度不健全，独立董事没有尽到应有的职责。建议中国人民银行、中国银保监会、中国证监会等加大在互联网金融机构中建立独立董事制度的力度，建立健全互联网金融机构独立董事制度，用制度约束互联网金融企业的经营行为，通过公司独立董事制度进一步保障广大互联网金融企业顾客的合法权益。对不能严格执行独立董事职责的人应该依法追究其法律责任。

参考文献

[1] Aaker D. Measuring Brand Equity Across Products and Markets [J]. California Management Review, 1996, 38 (3): 102.

[2] Azoulay A, Kapferer J N. Do Brand Personality Scales Really Measure Brand Personality? [J]. Journal Of Brand Management, 2003, 11 (2): 143 −155.

[3] Aaker J L. Dimensions Of Brand Personality [J]. Journal Of Marketing Research, 1997, 34 (3): 347 −356.

[4] Aaker J L, Benet − Martínez V, Garolera J. Consumption Symbols As Carriers of Culture: A Study Of Japanese And Spanish Brand Personality Constructs [J]. Journal Of Personality & Social Psychology, 2001, 81 (3): 492.

[5] Akinci S, Atilgan —Inan E. and Aksoy S. Re-assessment of ES-Qual And E-RecS-Qual in A Pure Service Setting, Journal Of Business Research, vol. 63, no. 3, 2010: 232 −240.

[6] Andrews L, Bianchi C. Consumer Internet Purchasing Behavior in Chile [J]. Journal Of Business Research, 2013, 66 (10): 1791 −1799.

[7] Biel A L. How Brand Image Drives Brand Equity [J]. Journal Of

Advertising Research, 1992, 32 (6).

[8] Claessens, S. Glaessner, T. and Klingebiel, D. Electronic Finance: Reshaping The Financial landscape Around The world [J]. Journal Of Financial Services Research, 2002 (22): 29 -61.

[9] Cross K F, Feather J, Lynch R L. Corporate Renaissance: The Art Of Reengineering [J]. Blackwell, 1994.

[10] Collier B C, Hampshire R. Sending Mixed Signals: Multilevel Reputation Effects in Peer-To-Peer Lending Markets [C]. ACM Conference On Computer Supported Cooperative Work, ACM, 2010: 197 -206.

[11] Cronin M J. Banking And Finance On The Internet [M]. Banking And Finance On The Internet. John Wiley & Sons, 1998: 51 -66.

[12] Celik H. What determines Turkish Customers' Acceptance Of Internet Banking? [J]. International Journal Of Bank Marketing, 2008, 26 (5): 353 -370.

[13] Chaffee E C, Rapp G C. Regulating On-Line Peer-To-Peer Lending in The Aftermath Of Dodd-Frank: In Search Of An Evolving Regulatory Regime For An Evolving Industry [J]. Washington & Lee Law Review, 2012, 69 (2): 485.

[14] Chananka Jayawardhena, Paul Foley. Changes in the Banking Sector-The Case Of Internet Banking in The UK [J]. Internet Research: Electronic Networking Applications and Policy, 2000, 10 (1): 15 -20.

[15] Davis F D. Perceived Usefulness, Perceived Ease Of Use, And User Acceptance Of Information Technology [J]. Mis Quarterly, 1989, 13 (3): 319 -340.

[16] Davis, F. D., Bagozzi, R. P., & Warshaw, P. R. User ac-

ceptance Of Computer Technology: A comparison Of Two theoretical Models. Management Science, 1989: 982 – 1003.

[17] Diamond D W. Financial Intermediation And Delegated Monitoring [J]. Review Of Economic Studies, 1984, 51 (3): 393 – 414.

[18] Emekter R, Tu Y, Jirasakuldech B, et al. Evaluating Credit Risk And Loan Performance In Online Peer-To-Peer (P2P) Lending [J]. Applied Economics, 2015, 47 (1): 54 – 70.

[19] Erick Schonfeld. SEC Outlines Its Reasoning For Shutting Down P2P Lender Prosper. Fortune, 2010 (6): 11 – 14.

[20] Eysenck H J. Four Ways Five Factors Are Not Basic. [J]. Personality & Individual Differences, 1992, 13 (6): 653 – 665.

[21] Fornell C. A National Customer Satisfaction Barometer: The Swedish Experience [J]. Journal Of Marketing, 1992, 56 (1): 6 – 21.

[22] George A, Kumar GSG. Impact Of Service Quality Dimensions In Internet Banking On Customer Satisfaction [J]. Decision, 2014, 41 (1): 73 – 85.

[23] Howard J A, Sheth J N. The Theory Of Buyer Behavior [J]. Journal Of The American Statistical Association, 1969.

[24] Hong I. B Understanding The Consumer's Online Merchant Selection Process: The Roles Of Product Involvement, Perceived Risk, And Trust Expectation [J]. International Journal Of Information Management, 2015, 35 (3): 322 – 336.

[25] Halkos G E, Salamouris D S. Efficiency Measurement Of The Greek Commercial Banks With The Use Of Financial Ratios: A Data Envelopment Analysis Approach [J]. Management Accounting Research, 2004,

15 (2): 201-224.

[26] Homayoun S, Rahman R A, Johansson J, et al. Internet Corporate Social Responsibility Disclosure Among Malaysian Llisted Companies [J]. Bioinfo Financial Management, 2012, 2 (1): 42-50.

[27] Im I, Kim Y, Han H J. The effects Of Perceived Risk And Technology Type On Users' Acceptance Of Technologies [J]. Information & Management, 2008, 45 (1): 1-9.

[28] Jinhong Jackson Mi, Hongfei Zhu. Can Funding Platforms' Self-initiated Financial Innovation Improve Credit Availability? Evidence From China's P2P Market [J]. Applied Economics Letters, 24 (6): 396-398.

[29] Kevin Lane Keller. Conceptualizing, Measuring, And Managing Customer-Based Brand Equity, in: Journal of Marketing, Vol. 57, 1-22 [J]. Journal Of Marketing, 1993, 57 (1): 1.

[30] Klein J, Dawar N. Corporate Social Responsibility And Consumers' Attributions And Brand Evaluations in A Product-Harm Crisis [J]. International Journal Of Research In Marketing, 2004, 21 (3): 203-217.

[31] Kamins M A, Marks L J. The Perception Of Kosher As A Third Party Certification Claim In Advertising For Familiar And Unfamiliar Brands [J]. Journal Of The Academy Of Marketing Science, 1991, 19 (3): 177-185.

[32] Korukonda A R. Commonweal vs. Free Market Capitalism: the Case Of India And China [J]. International Journal Of Social Economics, 2007, 34 (10): 772-780.

[33] Klein J, Dawar N. Corporate Social Responsibility And

Consumers' Attributions And Brand Evaluations In A Product-Harm Crisis [J]. International Journal Of Research in Marketing, 2004, 21 (3): 203 – 217.

[34] Kotler, Philip, Bliemel F W, et al. Marketing-Management: Analyse, Planung, Umsetzung Und Steuerung [J]. Gabler, 2015, 17 (1): 99.

[35] Keller, K. L., Parameswaran, M. and Jacob, I., Strategic Brand Management: Building, Measuring, And Managing Brand Equity, Pearson Education India, 2011 (12): 76 –83.

[36] Klopping. I. M. and Kiuney, E. M. Extending The Technology Acceptance Model A And The Task-Technology Fit Model to Consumer E-Commerce [J]. Information Technology Learning And Performance Journal, 2004, 22 (1): 35 –45.

[37] Kolodinsky, J. M, J. M. Hogarth, et al., The Adoption Of Electronic Banking Technologies By US Consumers. The International Journal Of Bank Marketing, 2004, Vol. 22 No. 4 /5, p. 238.

[38] Klafft M. Procurement Platforms for Consumers [J]. Acm Sigecom Exchanges, 2008, 7 (2): 1 –3.

[39] Kyj L, Isik I. Bank-Efficiency in Ukraine: An Analysis Of Service Characteristics and Ownership [J]. Journal Of Economics & Business, 2008, 60 (4): 369 –393.

[40] Loureiro SMC. The Effect Of Perceived Benefits, Trust, Quality, Brand Awareness/Associations And Brand loyalty Tn Internet Banking Brand Equity [J]. International Journal Of Electronic Commerce Studies, 2013, 4 (2): 139 –158.

[41] Lin, M.-Q. and Lee, B. C., The InfluenceOf Website Environment on Brand Loyalty: Brand Trust And Brand Affect as Mediators [J]. IJEBM, 2012 (10): 308 −321.

[42] Laurent G, Kapferer J-N, Roussel F. The Underlying Structure Of Brand Awareness Scores [J]. Marketing Science, 1995, 14 (3): G170 −G179.

[43] Lichtenstein S, Williamson K. Understanding Consumer Adoption Of Internet Banking: An Interpretive Study In The Australian Banking Context [J]. Journal Of Electronic Commerce Research, 2015, 7 (2): 50 −66.

[44] Lichtenstein D R, Braig B M. The Effect Of Corporate Social Responsibility On Customer Donations to Corporate-Supported Nonprofits [J]. Journal Of Marketing, 2004, 68 (4): 16 −32.

[45] Moon J W, Kim YG. Extending The TAM For A World-Wide-Web C [J]. Information & Management, 2001, 38 (4): 217 −230.

[46] Morganosky M A, Cude B J. Consumer Response, to Online Grocery Shopping [J]. International Journal Of Retail & Distribution Management, 2000, 28 (1): 17 −26.

[47] Mallat N. ExploringConsumer Adoption Of Mobile Payments-A Qualitative Study [J]. Journal Of Strategic Information Systems, 2007, 16 (4): 413 −432.

[48] Mihai Niţoi, Cristi Spulbar. An Examination Of Banks' Cost Efficiency In Central And Eastern Europe [J]. Procedia Economics \ s& \ Sfinance, 2015 (22): 544 −551.

[49] Nuseir MT, Akroush MN, Mahadin BK, Bataineh AQ. The

Effect Of E-Service Quality on Customer's Satisfaction In Banks Operating In Jordan: An Empirical Investigation Of Customers Perspective. Int J Serv Econ Manag, 2010, 2 (1): 80 −108.

[50] Pasiouras F. International Evidence On The Impact Of Regulations And Supervision On Banks' Technical Efficiency: An Application Of Two-Stage Data Envelopment Analysis [J]. Review Of Quantitative Finance & Accounting, 2008.

[51] Pasiouras F. Estimating The Technical And Scale Efficiency Of Greek Commercial Banks: The Impact Of Credit Risk, Off-Balance Sheet Activities, And International Operations [J]. Research In International Business & Finance, 2006, 22 (3): 301 −318.

[52] Pikkarainen T, Pikkarainen K, Karjaluoto H, Pahnila S. Consumer Acceptance Of Online Banking: An Extension Of The Technology Acceptance Model. Internet Research, 2004, Vol. 14 No. 3, p: 224 −235.

[53] Parasuraman A, Zeithaml V A, Malhotra A. E-S-Qual: A Multiple-Item Scale For Assessing Electronic Service Quality [J]. Journal Of Service Research, 2005, 7 (3): 213 −233.

[54] Ryckman R M. Theories of Personality [J]. Wadsworth Publishing Company, 2007.

[55] Ratten, V. , Entrepreneurship, E-Finance And Mobile Banking [J]. International Journal Of Electronic Finance, 2012 (6): 1 −12.

[56] Serkan Akinci, Eda Atilgan-Inan, Safak Aksoy. Re-assessment Of E-S-Qual And E-Rec S-Qual In A Pure Service Setting [M]. J Bus Re, Doi: 10. 1016/j. jbusres, 2009.

[57] Society O. Journal Of The Operational Research Society [M]. En-

cyclopedia Of Statistical Sciences. John Wiley & Sons, Inc. 1900: 457 -465.

[58] Shumaila Y, John G, Gordon R. A Proposed Model Of E-trust Electronic Banking [J]. Technovation, 2003 (23).

[59] Steenkamp J-B E M, Van Heerde H J, Geyskens I. What Makes Consumers Willing to Pay a Price Premium For National Brands Over Private Labels? [J]. Journal Of Marketing Research, 2010, 47 (6): 1011 -1024.

[60] Shocker A D, Aaker D A. Managing Brand Bquity [M]. The Free Pree, 1991.

[61] Siguaw J, Mattila A, Austin J R. The Brand-Personality Scale: An Application for Restaurants. [J]. Cornell Hospitality Quarterly, 1999, 40 (3): 48 -55.

[62] Sathye, Milind, Adoption Of Internet Banking By Australian Consumers: An Empirical Investigation, International Journal of Bank, 1999.

[63] Shen Chung-Chi, Chiou Jyh-Shen. The Impact Of Perceived Ease Ofuse On Internet Service Adoption: The Moderating Effects Of Temporal Distance and Perceived Risk [J]. Computers In Human Behavior, 2010 (26): 42 -50.

[64] Sitkin, S. B., And Amy L. P.. Reconceptualizing The Determinants Of Risky Behavior [J]. Academy of Management Review, 1992, 17 (1): 9 -38.

[65] Thomas B J, Sekar P C. Measurement And Validity Of Jennifer Aaker's Brand Personality Scale For Colgate Brand [J]. Vikalpa The Journal For Decision Makers, 2008.

[66] Tsionas E G, Lolos S E G, Christopoulos D K. The Performance

Of The Greek Banking System in View Of the EMU: Results From a Non-Parametric Approach [J]. Economic Modelling, 2003, 20 (3): 571 -592.

[67] Venkatesh, V. And Davis, F. D., Theoretical Extension Of The Technology Acceptance Model: Four Longitudinal Field Studies [J]. Management Science, 2000, 46 (2): 186 -204.

[68] Venkatraman, N. The concept Of Fit In Strategy Research: Toward Verbal And Statistical Correspondence. [J]. The Academy Of Management Review, 1989, 14 (3): 423 -444.

[69] Yang Q., Pang C., Liu L. Yen D. C, Tarn J. M. Exploring Consumer Perceived Risk And Trust For Online Payments: An Empirical Study in China's Younger Generation [J]. Computers In Human Behavior, 2015, 50 (C): 9 -24.

[70] YuLung Wu, YuHui Tao, PeiChi Yang. Learning From The Past And Present: Measuring Internet Banking Service Quality [J]. Service Industries Journal, 2012, 32 (3): 477 -497.

[71] Yoon HS, Barker Steege L M. Development Of A Quantitative Model Of The Impact Of Customers' Personality And Perceptions On Internet Banking Use [J]. Computers in Human Behavior, 2013, 29 (3): 1133 -1141.

[72] Zhou, R., Pham, M. T.. Promotion and Prevention Across Mental Accounts: When Financial Products Dictate Consumers' Investment Goals. [J]. Journal Of Consumer Research, 2004, 31 (1): 125 -135.

[73] Zhang Z. Credit Risk Preference in E-Finance: An Empirical Analysis Of P2P Lending [J]. 2014.

[74] 王重润, 孔兵. P2P 网络借贷平台融资效率及其影响因素分

析——基于 DEA-Tobit 方法［J］. 河北经贸大学学报，2017，38（5）：54-60.

［75］王飞，巢玮，王永健. 网贷平台效率的测度方法及其验证［J］. 电子科技大学学报（社科版），2018（1）.

［76］王金祥，吴育华，刘俊娥. 基于超效率评价模型的银行效率测算研究［J］. 河北建筑科技学院学报：自然科学版，2005，22（1）：57-60.

［77］王曼舒，刘晓芳. 商业银行收入结构对盈利能力的影响研究——基于中国 14 家上市银行面板数据的分析［J］. 南开管理评论，2013，16（2）：143-149.

［78］王琦，余明阳. 品牌竞争力层级评估模型理论初探［J］. 市场营销导刊，2007，（6）：54-57

［79］王锦虹. 互联网金融对商业银行盈利影响测度研究——基于测度指标体系的构建与分析［J］. 财经理论与实践，2015（1）：7-12.

［80］邓超，刘威伟. 基于安全性角度的中国商业银行效率的实证研究［J］. 中南大学学报（社会科学版），2006，12（6）：710-714.

［81］邓朝华，鲁耀斌. 移动银行服务采纳模型的实证分析比较［J］. 工业工程与管理，2007，12（6）：59-65.

［82］冯登国，张敏，李昊. 大数据安全与隐私保护［J］. 计算机学报，2014，（01）：246-258.

［83］卢馨，汪柳希，杨宜. 互联网金融与小微企业融资成本研究［J］. 管理现代化，2014，34（5）：7-9.

［84］白云. P2P 模式网络借贷顾客满意度实证分析［D］. 哈尔滨工业大学，2014.

［85］白玉，乔鹏涛. 基于层次分析法的品牌竞争力综合评价研究

[J]. 科技进步与对策, 2006 (22): 140-142.

[86] 朱宗元, 王景裕. P2P 网络借贷平台效率的综合评价——基于 AHP—DEA 方法 [J]. 南方金融, 2016 (4): 31-38.

[87] 朱蓉. 商业银行社会责任、企业声誉与财务绩效 [J]. 金融与经济, 2015 (4): 58-62.

[88] 乔均, 互联网金融企业品牌形象度量研究 [J]. 南京社会科学, 2016 (10): 23-28.

[89] 乔均, 彭纪生. 品牌核心竞争力影响因子及评估模型研究——基于本土制造业的实证分析 [J]. 中国工业经济. 2013 (12): 130-142.

[90] 乔均. 互联网金融企业品牌形象度量研究 [J]. 南京社会科学, 2016 (10): 23-28.

[91] 乔均. 互联网金融企业品牌形象度量研究 [J]. 南京社会科学, 2016 (11): 23-28.

[92] 乔均. 互联网券商品牌形象度量研究: 以涨乐财富通和国安君弘为例 [J]. 品牌研究, 2017 (11): 4-9.

[93] 乔均. 银行和保险业品牌形象研究 [M]. 北京: 中国财政经济出版社, 2012.

[94] 田金梅, 张秀娟, 麦健鹏等. 品牌知名度和安全认证对猪肉消费行为的影响 [J]. 华南农业大学学报 (社会科学版), 2013 (3): 104-111.

[95] 乔海曙, 王惟希, 莫莎. 基于社会责任视角的商业银行品牌竞争研究 [J]. 金融论坛, 2013 (01): 20-28.

[96] 刘志洋. 互联网金融监管"宏观—微观"协同框架研究 [J]. 金融经济学研究, 2016 (2): 106-116.

[97] 刘孟飞,张晓岚. 风险约束下的中国上市银行效率问题研究 [J]. 数量经济技术经济研究,2013 (2):33-48.

[98] 刘星,张建斌. 我国上市商业银行成本效率和利润效率研究 [J]. 当代财经,2010 (3).

[99] 刘宪权,金华捷. 论互联网金融的行政监管与刑法规制 [J]. 法学,2014 (6):8-16.

[100] 许婷. P2P 网络贷款平台潜在风险分析及对策 [J]. 金融科技时代,2013 (6):58-60.

[101] 许楠,曹齐芳. 基于改进四分图模型的 P2P 网贷平台竞争力诊断研究 [J]. 金融发展研究,2016 (10):32-37.

[102] 朱宗元,王景裕. P2P 网络借贷平台效率的综合评价——基于 AHP—DEA 方法 [J]. 南方金融,2016 (4):31-38.

[103] 朱南,卓贤,董屹. 关于我国国有商业银行效率的实证分析与改革策略 [J]. 管理世界,2004 (2):18-26.

[104] 严炎. 服装网络营销顾客满意度影响因素研究 [D]. 武汉纺织大学,2016.

[105] 芦锋,刘维奇,史金凤. 我国商业银行效率研究——基于储蓄新视角下的网络 DEA 方法 [J]. 中国软科学,2012 (2):174-184.

[106] 苏为华,王景裕,刘建和. 基于 DEA 方法的浙江省 P2P 网贷平台的事中监控效率评价研究 [J]. 浙江金融,2016 (4):17-22.

[107] 李胜兵,卢泰宏. 品牌个性维度的本土化研究 [J]. 南开管理评论,2003,6 (1):4-9.

[108] 李义敏,高攀,孟华. 基于企业与顾客双重视角的品牌资产价值形成路径研究 [J]. 经济经纬,2015 (06)

[109] 李希义,任若恩. 国有商业银行效率变化及趋势分析 [J].

中国软科学, 2004 (1): 57-61.

[110] 李杰. 银行监管要求: 信息披露质量与成本效率研究 [D]. 天津大学, 2008.

[111] 李敏芳, 田晨君. 基于因子分析法的我国 P2P 网贷平台评级研究 [J]. 湖北经济学院学报 (人文社会科学版), 2015 (6): 37-40.

[112] 李敏芳, 田晨君. 基于因子分析法的我国 P2P 网贷平台评级研究 [J]. 湖北经济学院学报 (人文社会科学版), 2015, (06): 37-40.

[113] 李淑彪, 龙其龙, 郭涛. 网上银行使用意愿的影响因素研究 [J]. 统计与信息论坛, 2012, 27 (12): 82-87.

[114] 李渊博, 朱顺林. 互联网金融创新与商业银行经济发展的关系研究——基于省级面板数据的因果关系检验 [J]. 南方经济, 2014, 32 (12): 36-46.

[115] 吴建萍. 互联网时代服装品牌的运营模式 [J]. 东华大学学报 (社会科学), 2001, 1 (4): 36-39.

[116] 吴清. 互联网络与企业专业化变迁 [J]. 经济管理, 2011 (10): 140-144.

[117] 邱均平, 杨强, 郭丽琳. 互联网金融理财产品使用影响因素研究 [J]. 情报杂志, 2015 (1): 179-184.

[118] 应金凤. 金融功能视角下我国商业银行转型研究 [D]. 浙江大学, 2008.

[119] 冷建飞, 张雨微. 我国 P2P 借贷平台营运能力评估研究 [J]. 现代管理科学, 2016 (12): 112-114.

[120] 汪纯孝, 温碧燕, 姜彩芬. 服务质量、消费价值、旅客满意感与行为意向 [J]. 南开管理评论, 2001 (6): 11-15.

［121］汪渝．互联网金融对小微企业金融服务的影响研究［J］．企业研究，2013（22）：147-148．

［122］沈良辉，陈莹．美国 P2P 网贷信用风险管理经验及对我国的启示［J］．征信，2014，32（6）：61-65．

［123］沈悦，郭品．互联网金融、技术溢出与商业银行全要素生产率［J］．金融研究，2015（3）：160-175．

［124］宋绍富，李光金．财产保险公司品牌竞争力来源分析［J］．经济纵横，2012（2）：99-101，119．

［125］宋绍富．我国财产保险公司品牌竞争力影响因素研究［J］．统计与决策，2011（24）：146-149．

［126］迟国泰，郑杏果，杨中原．基于主成分分析的国有商业银行竞争力评价研究［J］．管理学报，2009，6（2）：228-233．

［127］张圣亮，王爱霞．网上银行顾客感知服务质量影响因素研究［J］．北京理工大学学报社会科学版，2011，13（1）：59-63．

［128］张利敏．信息不对称性与商业银行信贷风险问题［J］．时代金融，2012（14）：80-80．

［129］张健华．我国商业银行效率研究的 DEA 方法及 1997—2001 年效率的实证分析［J］．金融研究，2003（3）：11-25．

［130］张喆，胡冰雁．感知风险对创新产品信息搜寻的影响：消费者创新性的调节作用［J］．管理评论，2014，26（8）：145-157．

［131］张婷婷．互联网金融背景下我国商业银行效率研究——基于存款视角的网络 DEA 方法［J］．知识经济，2018（8）．

［132］张新锐，杨晓铮．品牌阶梯——品牌知名度、美誉度、忠诚度［J］．经济管理，2002（21）：14-16．

［133］张茂月．大数据时代个人信息数据安全的新威胁及其保护

[J]. 中国科技论坛, 2015 (7): 117-122.

[134] 赵拓. 计算机网络中数据的保密与安全 [J]. 电子技术与软件工程, 2017 (1): 213.

[135] 骆品亮, 丁岚. 我国 P2P 网贷平台运营效率及其影响因素 [J]. 上海金融, 2017 (8): 45-53.

[136] 聂进, 雷雪. 网上银行安全及相应对策探讨 [J]. 武汉大学学报 (人文科学版), 2006 (3): 373-377.

[137] 杨卫平, 周咪, 成萌. 互联网金融背景下中国寿险公司经营绩效评价研究 [J]. 财经理论与实践, 2016, 37 (4): 31-36.

[138] 杨凤. 基于顾客价值的电子商务网站竞争优势的构建 [J]. 现代情报, 2015 (1): 120-127.

[139] 杨成, 邢宗辉, 郭新有. 钢铁业上市公司的业绩评价 [J]. 统计与决策, 2005 (10x): 156-157.

[140] 杨青, 钱新华, 庞川. 消费者网络信任与网上支付风险感知实证研究 [J]. 统计研究, 2011, 28 (10): 89-97.

[141] 杨洋. 基于两阶段网络交叉效率模型的银行业绩效率评价 [J]. 浙江金融, 2015 (6): 48-55.

[142] 杨洋. 富滇银行品牌竞争力研究 [J]. 云南社会科学, 2013 (4): 92-95.

[143] 杨翾, 彭迪云, 谢菲. 基于 TAM/TPB 的感知风险认知对用户信任及其行为的影响研究——以支付增值产品余额宝为例 [J]. 管理评论, 2016, 28 (6): 229-240.

[144] 邹文杰, 邱永和, 许家瑜. 台湾银行业效率评价——基于 Hybrid DEA 模型的分析 [J]. 福建师范大学学报 (哲学社会科学版), 2014 (6).

[145] 陈冬宇, 朱浩, 郑海超. 风险、信任和出借意愿: 基于拍拍贷注册用户的实证研究 [J]. 管理评论, 2014, 26 (1): 150-158.

[146] 陈珑中, 郝秀军. 我国互联网金融消费者权益的法律保护 [J]. 金融理论与实践, 2015 (9): 73-76.

[147] 苗文龙, 严复雷. 品牌、信息披露与互联网金融利率——来自 P2P 平台的证据 [J]. 金融经济学研究, 2016 (6): 3-14.

[148] 范秀成, 冷岩. 品牌价值评估忠诚因子法 [J]. 管理科学, 2000 (10): 51-56.

[149] 尚洁, 林予宇. 略谈呼叫中心及其在银行与保险业中的应用 [J]. 时代经贸, 2010 (6): 182-183.

[150] 罗长利, 朱小栋, LuoChangli 等. 基于 TAM/TPB 和感知风险的余额宝使用意愿影响因素实证研究 [J]. 现代情报, 2015, 35 (2): 143-149.

[151] 岳彩申, 张晓东. 金融创新产品法律责任制度的完善——后金融危机时代的反思 [J]. 法学论坛, 2010, 25 (5): 57-63.

[152] 周民源. 中国商业银行转型的路径选择研究 [J]. 金融监管研究, 2012 (9): 54-68.

[153] 周沛锋, 张宝明. 我国 P2P 小额信贷平台效率研究 [J]. 江苏商论, 2014 (6): 51-53.

[154] 周昌发, 李京霖. 互联网金融消费者权益保护探讨 [J]. 保山学院学报, 2014, 33 (4): 38-40.

[155] 周昕, 黄微, 韩瑞雪等. 信息生态视角下网络平台运行效率影响因素分析及评价体系构建 [J]. 情报理论与实践, 2016, 39 (7): 102-107.

[156] 周朋程. 商业银行品牌形象问题与策略研究 [J]. 江苏商

论,2010(8):158-160.

[157] 周荣森. 互联网+智能工业模式的成本结构变动及其价格策略研究[J]. 价格理论与实践,2015(8):106-108.

[158] 周勤,王飞. 信息不对称与"言多必失"——来自中国 P2P 网贷平台的证据[J]. 东南大学学报(哲学社会科学版),2016,18(3):78-84.

[159] 郑思海,田原,金璐. 基于 DEA 方法的我国 P2P 网贷平台运营效率研究[J]. 经济研究参考,2016(20):67-77.

[160] 赵月旺. 从网络知名度推断市场份额[J]. 商界:评论,2006(8):152-153.

[161] 赵旭. 国有商业银行效率的实证分析[J]. 经济科学,2000(6).

[162] 赵昕,薛俊波,殷克东. 基于 DEA 的商业银行竞争力分析[J]. 数量经济技术经济研究,2002(9):84-87.

[163] 查金祥,王立生. 网络购物顾客满意度影响因素的实证研究[J]. 管理科学,2006,19(1):50-58.

[164] 柏菊,黄作明. 不同类型的 P2P 网络借贷平台运营效率分析——基于 DEA 方法[J]. 南京审计学院学报,2016,13(3):87-95.

[165] 钟镇国,莫中杰. 基于因子分析的中国房地产上市公司绩效评价[J]. 经济研究导刊,2010(36):74-75.

[166] 施振荣. 全球品牌大战略[M]. 中信出版社,2005.

[167] 姜明生,李芳,陈德棉. 股份制银行和国有商业银行核心竞争力比较[J]. 现代管理科学,2009(12):20-22.

[168] 姜岩,董大海. 消费者视角下的品牌竞争力界定生成与评价[J]. 华东经济管理,2008,(22):107-112.

[169] 洪娟，曹彬，李鑫. 互联网金融风险的特殊性及其监管策略研究 [J]. 中央财经大学学报，2014，1 (9)：42－46.

[170] 骆品亮，丁岚. 我国 P2P 网贷平台运营效率及其影响因素 [J]. 上海金融，2017 (8)：45－53.

[171] 聂进，雷雪. 网上银行安全及相应对策探讨 [J]. 武汉大学学报（人文科学版），2006 (3)：373－377.

[172] 贾其容. 商业银行履行社会责任与顾客对品牌的忠诚 [J]. 金融论坛，2013 (3)：55－59.

[173] 徐勇，刘金弟. 第三方支付信用风险分析及监管机制研究 [J]. 科技管理研究，2010，30 (10)：167－169.

[174] 郭红丽，王晶. 基于 TAM 模型的 B2C 客户体验模型研究 [J]. 科技管理研究，2013，33 (19)：184－188.

[175] 郭纹廷，王文峰. 互联网金融的风险与防范——基于相关利益主体的视角 [J]. 当代经济研究，2015，233 (2)：92－96.

[176] 郭海凤，陈霄. P2P 网贷平台综合竞争力评价研究 [J]. 金融论坛，2015 (2)：12－23.

[177] 黄海龙，基于以电商平台为核心的互联网金融研究 [J]. 上海金融，2013 (8)：18－23.

[178] 黄健青，陈欢，李大夜. 基于顾客价值视角的众筹项目成功影响因素研究 [J]. 中国软科学，2015 (6)：116－127.

[179] 曹永栋，陆跃祥. 城市商业银行竞争力指标体系及其对策设计 [J]. 改革，2012 (1)：66－74.

[180] 曹廷贵，苏静，任渝. 基于互联网技术的软信息成本与小微企业金融排斥度关系研究 [J]. 经济学家，2015 (7)：72－78.

[181] 曹涌涛，王建萍. 论商业银行的社会责任 [J]. 金融论坛，

2008,13(7):53-58.

[182] 崔春艳,孙涛.我国商业银行技术效率测算及实证研究[J].金融教育研究,2010,23(2):20-23.

[183] 扈震,王学武.P2P 网贷信息不对称问题研究[J].中国市场,2014(32):46-51.

[184] 符国群,佟学英.品牌、价格和原产地如何影响消费者的购买选择[J].管理科学学报,2003,6(6):79-84.

[185] 董大海,王新浩,马秀芳.焦虑和感知有用性对自助服务技术使用忠诚的影响机理研究[J].现代管理科学,2013(1):16-19.

[186] 傅彦铭.国有商业银行市场营销效率的测算[J].统计与决策,2015(2):169-171.

[187] 焦勇兵.顾客使用网上银行的前置因素研究——基于科技接受模型的观点[J].山西财经大学学报,2007,29(6):94-100.

[188] 鲁志勇,于良春.基于 DEA 的国有商业银行效率变化实证研究[J].开发研究,2006(1).

[189] 雷欢.商业银行社会责任对经营效率的影响研究[D].哈尔滨工业大学,2016.

[190] 睢立军,李婷.我国金融机构履行社会责任存在的问题及对策[J].经济纵横,2016(10):122-124.

[191] 魏晓聪,李梅芳.P2P 网贷平台综合评价及成长性分析——基于因子分析法和聚类分析法[J].金融理论与教学,2016(5):53-57.

后　　记

　　互联网金融发展十分迅猛。特别是 P2P 网贷更引爆了互联网金融。近年来，互联网金融发展中不断暴露出一系列问题，因此规范互联网金融发展，预警互联网金融风险，健全互联网金融监管已刻不容缓。受国家哲学社会科学规划办委托，我们完成了国家社科基金项目"互联网金融品牌强度及品牌效率提升研究"（15BJY116）的工作。该项目以我国互联网信息门户之一的"上海网贷之家"提供 36 家互联网金融机构为例，通过文献研究比较，开发了适合我国互联网金融品牌强度及互联网金融品牌效率测定的模型。该模型对当下第三方评价互联网金融机构健康发展，指导互联网金融机构加强自身品牌建设、提升品牌效率、加强市场竞争力具有较好的理论指导。同时，该模型计算结论对中央银行和中国银保监会监管互联网金融机构也有较好的参考价值。受实证样本和区域选择的影响，本书研究结论具有一定的不完善性，这些将在以后的研究中加以克服。

　　本人作为课题组负责人，设计了本书的整体研究框架，整合了课题研究分报告，执笔撰写了部分章节，终审了整个研究报告并对整个研究报告进行了调整和修改。邱玉琢教授、杨靖三副教授、金汉信副教授、陈效林副教授、张庆磊博士、邹俊博士、王丽博士参与了课题研究，帮助收集了研究文献，指导分课题组的研究生完成了实证研究需要的社会调研，执笔撰写了各自负责的章节。本人的博士后钮中阳博士、胡正刚博士，以及硕士研究生李伟、周玉涵、金康、肖佳、丰韵、陈伟、宋雅奇、朱顗、史慧慧、李海友、朱蕾、马璐、邵莹、任梦霞等参与了文献资料收集、数据处理和文章整理。本人执笔撰写了第一章、第七章、第八章、第九章，参与了第五章的部分写作；邱玉琢教授、杨靖三副教授执笔撰写了第六章；金汉信副教授和陈效林副教授参与了第一章的讨论和部分章节的撰写；王丽博士执笔撰写了第二章；邹俊博士执笔撰写了第三章；张庆磊博士执笔撰写了第四章。

本书研究的互联网金融品牌强度指标筛选和数据处理得到了上海盈讯科技股份有限公司及其网贷之家 P2P 网贷理财行业门户网站、上海漫道金融信息服务股份有限公司董事长李宗建先生的帮助，指标筛选借鉴了上海网贷之家信息网站发布采用的部分指标。互联网金融品牌效率模型投入产出指标得到了南京财经大学闫海峰教授、孙阳教授、于成永教授、沈永健教授、姚定俊教授以及对外经济贸易大学王永贵教授等的帮助。互联网金融品牌强度模型构建及互联网金融行业监管建议等得到了江苏省人民政府副省长王江博士，中国证监会上海监管局局长严伯进博士，APEC 电子商务工商联盟主任委员、中国社会科学评价研究院院长荆林波教授，建设银行江苏分行行长徐斌先生，南京大学商学院刘志彪教授、范从来教授、裴平教授等的帮助。本书脱稿后，中国社会科学评价研究院院长荆林波教授对本书进行了审阅，并在百忙之中抽空为本书作序，对本书研究给予了很高的评价和鼓励。本书研究和专著出版得到了"江苏省教育厅南京财经大学工商管理优势学科基金"、"江苏省教育厅南京财经大学现代物流重点实验室建设基金"等大力资助，专著出版过程中得到了中国财政经济出版社的支持，在此一并致谢！

乔 均

于南京九乡河仙林翠谷

2019 年 7 月